La cathédrale

Livre de pierre

DIRECTION EDITORIALE
Victor Loupan

DIRECTION ARTISTIQUE
François Sargologo

SUIVI EDITORIAL
Séverine Courtaud

FABRICATION
Denis Lanson

PHOTOGRAVURE
Nord Compo

IMPRESSION
Mame à Tours, France

ALINE KINER

Photographies de François Guénet

LA CATHÉDRALE

LIVRE DE PIERRE

PRESSES DE LA RENAISSANCE

À mes parents, les « fidèles »
À mon fils, Thomas

Aline Kiner

À Clara, Soraya, Susanna

François Guénet

Un livre muet

« La cathédrale ne lui était pas seulement la société,
mais encore l'univers, mais encore la nature. »

Victor Hugo, *Notre-Dame de Paris.*

Elle est comme un immense livre dont toutes les pages seraient ouvertes, offertes à la lumière du soleil et au regard du passant, grouillantes d'images et de signes, un livre foisonnant, animé de mille visages et murmurant de mille bouches... Bavard. Mais, pour la plupart d'entre nous, inaudible.

Devant une cathédrale, notre regard admire. Puis s'égare. Happé par les innombrables détails de la statuaire, de la pierre sculptée, ciselée, qui orne les grands portails. Il s'arrête sur le visage figé d'une grande statue-colonne, le corps tordu d'un monstre hybride, recroquevillé sous un socle ; s'interroge devant le masque étrange qui écarte le feuillage d'une vigne au sommet d'un pilastre ; se perd face à la multitude de petits personnages accrochés partout, dans les frises et les voussures, lointains, énigmatiques. Car nous avons perdu la clé de la plupart de ces figures, de ces symboles.

Dès la seconde moitié du XVIe siècle, l'art du Moyen Âge, rejeté par une Renaissance qui ne l'aimait pas, est devenu une énigme. Ses créations aussi obscures que des hiéroglyphes. Vidées d'une grande partie du sens qui les habita, les cathédrales sont aujourd'hui des œuvres d'art, émouvantes de grandeur et de beauté, mais aussi figées que des pièces de musée.

< Au XVIIIe siècle, le sens des sculptures de Notre-Dame de Paris est perdu. Pensant qu'elles représentent des rois de France, les révolutionnaires mutilent de nombreuses figures de la cathédrale. Les statues-colonnes du portail Sainte-Anne, à la façade occidentale, sont ainsi déposées entre 1793 et 1794. Réalisées au XIIe siècle, elles mêlaient étroitement, de part et d'autre de saint Marcel représenté au trumeau, personnages de l'Ancien et du Nouveau Testament, ainsi qu'un confesseur : à sa droite, saint Pierre, Salomon, la veuve de Sarepta et Élie ; à sa gauche, saint Paul, David, la Sibylle et Isaïe. Au milieu du XIXe siècle, lors de la restauration de la cathédrale, l'architecte Viollet-le-Duc fit réaliser de nouvelles statues pour remplacer les originaux.

Façade occidentale, portail Sainte-Anne, à la gauche de saint Marcel, cathédrale Notre-Dame, Paris.

Elles avaient pourtant une signification et une fonction fortes au Moyen Âge. Elles étaient des médiatrices, qui favorisaient la communication avec Dieu. D'immenses bibles de pierre dont les sculptures et les vitraux illustraient les enseignements de l'Église en un temps où le peuple ne savait pas lire, où l'imprimerie n'existait pas. Un reflet de l'autre monde, qu'elles rendaient déjà présent sur terre. Chacune de leurs images portait en elle un sens, parfois un double sens : le premier, apparent, destiné à la foule ; le second, ésotérique, réservé aux clercs et aux lettrés.

Retrouver leur signification demande un long cheminement, incertain et ardu. Nos savoirs et nos sensibilités ne sont pas ceux du Moyen Âge. La culture médiévale était imprégnée de symbolisme. Le concret et l'abstrait, le réel et l'imaginaire s'y imbriquaient étroitement. Derrière le voile de l'apparence, la réalité des êtres et de la nature, derrière chaque être vivant, chaque œuvre d'art, les hommes cherchaient toujours une réalité supérieure, divine.

Il faut un aller-retour permanent entre les images des églises et les textes – écrits médiévaux, mais aussi travaux fondateurs des grands historiens contemporains, de Georges Duby à Jacques Le Goff – pour tenter de déchiffrer le livre de pierre. Nous avons parfois choisi d'emprunter des chemins mal balisés, d'explorer des pistes peu documentées, avec le désir de dépoussiérer de vieilles interprétations ou des approches trop classiques. Car, au-delà du message religieux, la cathédrale est une vaste concrétion d'idées, un tout cohérent qui permet de pénétrer les mentalités des hommes d'alors, de saisir leurs espoirs et leurs peurs, leurs révoltes et leurs rêves. Elle est le produit et le reflet d'une société. Une pensée figée dans la pierre.

Cette quête permet de découvrir un Moyen Âge encore méconnu. Le temps du sacré par excellence. Spirituel, subtil. Mais aussi coloré, joyeux et subversif, éminemment vivant jusqu'aux façades de ses cathédrales.

< La cathédrale de Chartres remonte aux origines du christianisme en Gaule. L'édifice gothique que nous connaissons aujourd'hui est le septième d'une longue série d'églises détruites les unes après les autres par les incendies. La première datait certainement du IVe siècle, la sixième, la plus célèbre d'entre toutes, est bâtie par le brillant évêque Fulbert autour de l'an mil. Elle est ravagée à son tour par les flammes en 1194. Seules la crypte et la façade sont conservées dans l'édifice actuel. Élevé en cinquante ans à peine, il est d'une grande cohérence, tout de puissance et d'harmonie.

Cathédrale Notre-Dame, Chartres.

Chapitre 1

L'aube des cathédrales

« La millième année depuis l'enfantement du Christ sauveur par la Vierge sans péché étant arrivée, on vit briller sur le monde un matin radieux. »

Évêque Thietmar de Merseburg,
Chronique (vers 1015).

Le Moyen Âge souffre d'un péché originel. Baptisé par défaut, il ne fut longtemps qu'un temps intermédiaire. Un « âge moyen », obscur, stagnant entre les splendeurs de l'Antiquité et les illuminations de la Renaissance. Un long reflux dans la vague de l'Histoire, marqué de l'empreinte de la médiocrité, des stigmates de la peste et de la barbarie.

C'est au XVIe siècle qu'est née cette sombre image, qui creuse aujourd'hui encore notre regard sur la société médiévale. Il y a, chez les lettrés et les artistes de l'époque, un profond désir de légitimer leurs propres créations en les opposant à celles de leurs prédécesseurs[1]. Le peintre et architecte italien Giorgio Vasari (1511-1574), auteur des *Vite (Les Vies des plus excellents peintres)*, un livre fondateur dans l'histoire de l'art, est le premier à employer le mot de *rinascita* (« renaissance ») pour désigner un processus de retour à la beauté antique après ce qu'il considère comme des siècles de régression. Après lui, le philosophe Francis Bacon (1560-1626) ira plus loin encore : il croit déceler un grand mouvement d'allers et retours dans l'histoire de la connaissance, une oscillation entre périodes de savoir et d'ignorance, la dernière d'entre elles étant précisément le Moyen Âge. De ce monde barbare ne pouvait naître qu'un art barbare. C'est toujours Vasari qui répand le terme peu flatteur de « gothique ». Parce que seuls des Goths, imagine-t-il, ont pu commettre ces « monuments monstrueux, [...] dépourvus d'ordre [où] sur les façades et les parties décorées, de maudites niches s'empilent les unes sur les autres, avec tant de pyramides, de pinacles, de feuilles qu'il semble impossible que cet assemblage arrive à tenir debout ».

[1] Alain Bourreau, « Moyen Âge », *in* Claude Gauvard, Alain de Libera, Michel Zink (dir.), *Dictionnaire du Moyen Âge*, PUF, 2002.

> L'art religieux de l'an mil, imprégné des violences de l'époque, multiplie les scènes d'une effrayante noirceur. Cette représentation de la pendaison de Judas est inspirée d'une légende ancienne, construite autour de l'Évangile de Matthieu. Judas, pris de remords après le supplice du Christ, rapporte ses trente deniers au grand prêtre puis va se pendre à la branche d'un figuier. Après sa mort, son ventre s'ouvre, ses entrailles en sortent et son âme s'exhale par l'anus.

**Chapiteau, salle capitulaire,
cathédrale Saint-Lazare, Autun.**

Le mythe des *dark ages*, temps des ténèbres, était né. Les lettrés des siècles suivants, dans leur désir de trouver des étapes et des seuils au cours de l'histoire, s'en empareront. Résumant un millénaire entier[2] à sa plus inexistante expression.

Pourtant, de la chute de Rome à la découverte du Nouveau Monde, le Moyen Âge ne cesse de changer, de se rénover, de s'effondrer pour encore renaître. Sauvage, il le fut, sans aucun doute, à la haute époque. La dislocation de l'unité romaine, après 476, précipite l'Europe dans des temps barbares. Wisigoths, Burgondes, Francs, Huns, Ruges, Ostrogoths, Lombards, Normands et Sarrasins : durant des siècles, des vagues presque incessantes de peuples guerriers déferlent sur ses terres. « Le fer, la famine, l'épidémie, les bêtes, tels seront les sinistres protagonistes de cette histoire[3]. » La décadence, amorcée à partir du IVe siècle sous le Bas-Empire romain, s'accélère, la société urbaine se délite, les monuments antiques, mais aussi les routes, les ateliers, les systèmes d'irrigation sont détruits, la culture balayée, et avec elle les connaissances techniques. Le bois remplace pour les constructions la pierre que l'on ne sait plus ni extraire ni tailler. Dans les campagnes, la terre donne parcimonieusement. Les hommes connaissent la peur et la faim.

Charlemagne, le prestigieux chef de la seconde dynastie franque – qui lui doit son épithète de « carolingienne » –, rétablit au VIIIe siècle un semblant d'ordre, étendant son pouvoir de la marche d'Espagne à la Pannonie, de la mer du Nord au centre de l'Italie. Il accède au titre d'empereur le 25 décembre 800.

Son pouvoir n'est pas seulement temporel. À l'image des anciens souverains du monde antique, il y mêle une légitimation divine, sacrée. Charlemagne appuiera l'Église de toute sa puissance, uniformisant le culte d'un bout à l'autre de l'empire. Sous son règne, l'architecture religieuse connaît une première renaissance. Les constructeurs, qui s'inspirent des édifices encore visibles de l'ancienne Rome, redécouvrent la pierre, le marbre, la brique et les ornements de bronze. Une trentaine de cathédrales, plus de quatre cents monastères sont construits à la période carolingienne. Les églises reprennent le plan des anciennes basiliques, mais développent des massifs occidentaux et des chevets de plus en plus monumentaux et complexes qui annoncent les futures cathédrales de la période romane. La chapelle du palais de Charlemagne, à Aix, est une réalisation magistrale qui servira de référence aux siècles suivants.

Mais l'empire est fragile. Trente ans à peine après la mort du grand empereur, il est démantelé. Les hordes vikings, hongroises, sarrasines resurgissent. Elles seront comme un dernier feu fécond qui balaie l'ordre ancien et fertilise la terre pour de futures germinations.

---

[2] Selon les chronologies généralement admises, le Moyen Âge débute avec l'édit de Constantin en 313, qui christianise l'État romain, ou avec la déposition de Romulus Augustus en 476, qui marque la fin de l'Empire ; il s'achève avec la chute de Byzance, en 1454, ou la découverte de l'Amérique en 1492.

---

[3] Jacques Le Goff,
La Civilisation de l'Occident médiéval,
Arthaud, 1964 ;
Champs Flammarion, 1997.

< À la façade des grandes églises citadines, s'impose la figure d'un Christ proche des fidèles, au visage d'une douceur infinie. Bénissant d'une main, il tient dans l'autre le Livre, source de son enseignement.

Le Beau Dieu, façade occidentale, cathédrale Notre-Dame, Amiens.

Car les Vikings s'installent. Le traité de Saint-Clair-sur-Epte, en 911, abandonne aux guerriers du Nord la terre qui prendra bientôt le nom de Normandie. Ils se convertissent, comme se convertissent le royaume de Bohême, la Pologne, les Danois et les Suédois, puis les Norvégiens qui deviennent chrétiens avant la mort de saint Olaf en 1030. Les derniers Sarrasins, qui occupaient La Garde-Freinet près de Saint-Tropez, sont expulsés en 972. Au XIe siècle, l'Occident médiéval dessine ses frontières. Et c'est un Occident chrétien où l'Église s'affermit et se rénove.

En ces débuts de l'an mil, la maison de Dieu a bien besoin d'un grand ménage. Vénale, profondément ancrée dans le monde quotidien, elle gère des richesses impressionnantes, se mêle de politique, de guerre, d'économie. Les investitures des évêques comme celles des curés sont alors aux mains des seigneurs, qui élisent de préférence des membres de leur famille, dont la première des qualités n'est pas forcément l'engagement religieux. Peu scrupuleux, les clercs de l'époque n'hésitent pas à acheter et vendre leurs sacrements et leurs charges (ce que l'on a appelé la simonie). Quant à la règle du célibat, elle est largement transgressée.

La grande réforme, que l'on a baptisée par commodité « grégorienne », du nom de l'un de ses plus fervents promoteurs, Grégoire VII (1073-1085), mettra fin à cette allègre confusion entre spirituel, temporel et charnel. Elle sera longue et profonde, à la fois hiérarchique, politique et morale. De conciles en conflits ouverts, la papauté gagne son indépendance face à l'empereur germanique qui, jusque-là, faisait et défaisait les souverains pontifes. Désormais, les évêques reçoivent de l'Église leur autorité religieuse, et d'elle seule. Ils créent ce qui deviendra la curie, une administration veillant au respect de leur loi à travers toute l'Europe. La simonie est sévèrement combattue, épouses et concubines formellement interdites à tous les clercs, jusqu'aux sous-diacres.

Ordre, renouveau, élan. Dans ce monde apaisé, l'économie explose. Tandis que les routes antiques sont rénovées, d'autres voies, par terre et par eau, sont ouvertes. Les cités maritimes d'Italie, Venise, Pise, Gênes, commercent avec le Moyen-Orient, les marchés de draps et de tissus enrichissent la Flandre, les foires de Champagne réunissent négociants du Nord et négociants du Sud[4].

Dans les campagnes, attelages et charrues se perfectionnent, les socs de fer entament les glaises les plus lourdes. Les friches reculent, les clairières s'élargissent, les rendements sont multipliés par deux ou trois et les terres cultivées atteignent une superficie qui ne sera dépassée qu'au XIXe siècle. Le monde médiéval connaît alors une période de croissance économique violente, aussi violente que celle qui a débuté au XVIIIe siècle et se poursuit jusqu'à nos jours. En moins de trois cents ans, la population de l'Europe chrétienne double.

[4] Anne Prache (dir.), *Initiation à l'art roman, architecture et sculpture*, Zodiaque, 2002.

> Le portail royal, à la façade occidentale de Notre-Dame de Chartres, est la partie la plus ancienne de la cathédrale. Ses statues-colonnes – dont certaines sont des copies – évoquent les prophètes, rois et reines de l'Ancien Testament. Lorsqu'elles sont sculptées, vers le milieu du XIIe siècle, Chartres est devenue l'un des principaux centres scolastiques d'Europe.

Portail royal, baie centrale, cathédrale Notre-Dame, Chartres.

C'est dans ce temps-là, un temps neuf, sur lequel brille « un matin radieux », et non dans les ténèbres, que bâtit le Moyen Âge. En l'espace de trois siècles, la France extrait plusieurs millions de tonnes de pierres pour édifier quatre-vingts cathédrales, cinq cents grandes églises et quelques dizaines d'églises paroissiales. Elle va charrier plus de pierres que l'ancienne Égypte en n'importe quelle période de son histoire[5]. « C'était comme si le monde lui-même se fût secoué et, dépouillant sa vétusté, eût revêtu de toutes parts une blanche robe d'églises », s'émerveille le moine et chroniqueur Raoul Glaber[6] (fin du Xe siècle-env. 1049).

Mais avec l'an mil, le temps des cathédrales, si lumineusement raconté par Georges Duby, n'est pas venu[7]. C'est d'abord dans les monastères que s'élabore le grand art du Moyen Âge. À l'écart des villes, ils sont demeurés, durant les périodes d'invasion, des oasis, des lieux de conservation pour tous les savoirs, la connaissance et les arts. Au sein d'une Église encore entachée par le manque de moralité de ses clercs, ils apparaissent aussi comme des îlots de pureté. Toute la ferveur, toutes les richesses, la surabondance de biens générée par les paysans vont aux moines, qui semblent les mieux à même d'intercéder pour leur salut.

Le christianisme conçoit alors le rapport des hommes avec Dieu sous la forme de don et contre-don : pour sauver son âme, le fidèle, comme le païen de temps pas si anciens, fait des offrandes. L'organisation sociale dynamise encore l'élan bâtisseur. Dans un monde dominé par des seigneurs belliqueux et autonomes, l'Église se bat âprement pour conserver sa place, met en scène de grandes assemblées dites de « la paix de Dieu », enrôlant le peuple sous sa protection. Le monde féodal se dessine peu à peu, divisé en catégories figées où chacun remplit le rôle qui lui est assigné par sa naissance et sa position sociale. La concorde selon le plan divin, expliquent des prélats du nord de la France en 1030, repose sur un échange de services entre trois catégories : ceux qui travaillent, ceux qui combattent et ceux qui prient. Ainsi les paysans, qui produisent, doivent-ils entretenir les seigneurs, qui les défendent, et les hommes d'Église, qui intercèdent pour leur âme. Quant aux chevaliers, s'ils aiment la fête et les batailles, ils s'inquiètent plus encore du sort de leur âme : ils abandonnent à leur tour aux moines une grande part des biens soustraits à leurs serfs ou pillés à leurs ennemis.

Ils donnent de l'or, des bijoux, des tissus rares rapportés d'Orient où le pape Urbain II lance la croisade en 1095 et, inestimables entre tout, des reliques. Ces débris précieux, à qui l'on accorde une vertu miraculeuse, sont les équivalents licites des philtres et des amulettes païens. Pour l'homme médiéval, le saint est porteur d'une énergie particulière qui survit dans toutes les parcelles de sa dépouille, dans les tissus, les instruments de son supplice, chaque

---

[5] La formule est de Jean Gimpel, *Les Bâtisseurs de cathédrales*, Seuil, 1958.

[6] Raoul Glaber, *Histoire*.

[7] Georges Duby, *Le Temps des cathédrales : l'art et la société* (980-1420), Gallimard, 1978.

objet, le plus modeste soit-il, qui fut en contact avec lui[8]. Ce fluide, inépuisable, suppose le morcellement du corps, la prolifération et le trafic des reliques. En ces débuts de l'an mil, elles se multiplient comme les petits pains. Les chroniqueurs y voient une intervention bienveillante du Tout-Puissant qui, le millénaire de la Passion passé, enfin réconcilié avec les hommes, fait sortir de leurs caches ces talismans longtemps invisibles.

Vraies ou fausses, les reliques sont l'objet de transactions actives, les monastères et communautés religieuses se livrant à une véritable course aux trophées miraculeux. Les saints locaux ou régionaux n'étant pas suffisamment prestigieux pour assurer le fondement d'un nouvel établissement, on va à Rome chercher – ou voler... – les restes des martyrs ensevelis dans les catacombes. Des reliques de Paul et Pierre sont transférées de Rome à Cluny en 981, l'abbaye de Conques, qui n'en a pas, met toute son énergie à récupérer celles de sainte Foy... et s'empresse de mutiler la dépouille, la tête d'un côté, le corps de l'autre !

Car s'il est un miracle qu'on ne peut nier aux reliques, c'est bien celui de remplir les caisses des monastères. Auprès d'elles affluent les pèlerins et les donations. De ces dons naissent les chefs-d'œuvre de l'art roman. Vézelay, Clairvaux, Sainte-Foy de Conques, les abbayes et les grandes basiliques bénédictines ou cisterciennes. L'ordre phare de Cluny, qui ne dépend que de l'autorité du pape, bâtit un empire de plusieurs centaines de monastères et prieurés, implantés jusqu'en Espagne, en Suisse, en Angleterre ou en Italie.

Autour de ces oasis de prière, le monde, pourtant, commence à bouger. Et les bruits de la ville à couvrir le murmure de la campagne. L'élan économique, irrésistible, afflue, se concentre dans les cités où les surplus de la production agricole se changent en monnaie. Ces cités connaissent alors leur renaissance. Jusqu'au Xe siècle, elles s'étaient enfermées dans des murailles, camps fortifiés plutôt que lieux de vie[9]. Désertées par la population, elles abritent essentiellement l'évêque et sa cathédrale. À Beauvais n'habitent pas plus de cinquante ménages, trois cents personnes. Mais au cours du XIe siècle, tout change : les villes deviennent des marchés, des centres de commerce et d'artisanat aux allures de caravansérails, où la classe dominante, les maîtres des domaines ruraux comme le petit peuple reviennent s'installer. Elles repoussent alors leurs limites, englobant dans de nouveaux remparts l'ancienne cité, les bourgs et hameaux alentour.

L'équilibre du monde médiéval bascule peu à peu, inexorablement, de la campagne à la ville. Un bouleversement qui n'est pas seulement économique ou social, mais qui ébranle au plus profond les mentalités des hommes d'alors[10]. Car le milieu urbain est un espace de rencontres, où l'on a besoin de voir clair, de comprendre, de communiquer. Un espace charnel, de plaisir et de progrès.

---

[8] Roland Recht, *Le Croire et le Voir, L'art des cathédrales, (XIIe-XVe siècles)*, Gallimard, 1999.

[9] Alain Erlande Brandebourg, *Quand les cathédrales étaient peintes*, coll. « Découvertes Gallimard », Gallimard, 1993.

[10] Georges Duby, *Art et société au Moyen Âge*, Seuil, 1997.

Chez les ecclésiastiques aussi, les consciences évoluent. Dans ces ruelles où se mêlent des hommes de toutes conditions, où la misère s'affiche, les clercs commencent à douter de la hiérarchie simpliste des temps anciens, à remettre en question l'image rassurante d'une humanité pétrifiée dans des rôles définis, la prétention d'une poignée de purs à assumer à elle seule les péchés du monde. Les voyages des croisés en Terre sainte, là où le Messie – racontent les Évangiles – se fit homme, naquit et souffrit, les amènent à se plonger passionnément dans le Nouveau Testament. Ils y rencontrent la figure d'un Christ qui vit parmi les hommes. Un Christ enseignant dont la figure va bientôt se présenter aux façades des grandes églises citadines.

L'aube des cathédrales se lève enfin. Sanctuaires de la cité. Sièges de l'évêque, qui s'affirme en successeur des apôtres, en pasteur, à qui le pape a donné pour mission d'affronter le monde, au lieu de s'en retirer. La rédemption ne s'obtient plus par le pouvoir seul des reliques, par des rites et des formules figées, les fidèles sont invités à avouer leurs fautes, à se repentir. Et tandis que le rôle des moines est de plus en plus remis en cause, la rupture avec le peuple se consomme. Le nouveau monachisme, celui de Grandmont, de la Chartreuse, s'éloigne des fidèles pour faire pénitence. « L'office du moine n'est pas d'enseigner mais de pleurer », écrit le moine cistercien Bernard de Clairvaux.

Indissociables, la ville et la cathédrale grandissent ensemble. À partir du XIe siècle, les édifices romans accentuent la verticalité des anciennes constructions carolingiennes, déployant à l'ouest de vastes avant-nefs, les dotant de tours jumelles et de tours-porches à tribunes. De nouveaux espaces liturgiques se développent pour accueillir les pèlerins, on aménage autour du chœur des chapelles rayonnantes, desservies par un déambulatoire, pour les reliques et les saints de l'église. Un siècle plus tard, la grande époque gothique lance la construction de gigantesques vaisseaux capables d'accueillir des foules de plus en plus nombreuses et un clergé dont les effectifs ne cessent de se multiplier.

Devenue aujourd'hui un lieu que l'on visite, un lieu au milieu de nulle part, la cathédrale gothique est, au Moyen Âge, un concentré vivant de la cité. Autour d'elle, tout un quartier s'organise : le palais épiscopal, l'ensemble canonial avec les maisons des chanoines, mais aussi une bibliothèque, une école, parfois un scriptorium. Un groupe cathédrale merveilleusement préservé à Noyon. Autour de ce premier cercle se développe le cimetière qui n'est pas, alors, qu'un lieu d'enterrement, mais aussi un espace d'échanges, où se tiennent des marchés, des réunions. À tel point qu'au XIVe siècle, son usage doit être réglementé. L'église ne foisonne pas seulement d'une vie religieuse, mais aussi intellectuelle, économique. Elle est le cœur qui rythme la vie urbaine.

< Une envolée de pierre : la cathédrale d'Amiens est l'édifice médiéval achevé le plus vaste avec ses voûtes en croisée d'ogives qui s'élèvent à 42,30 mètres, une longueur intérieure de 133,50 mètres, une surface au sol de 7 700 m^2, un volume de 200 000 m^3. L'église gothique par excellence pour l'architecte Viollet-le-Duc. La Picardie est alors l'une des régions les plus opulentes de France : grenier du royaume, terre d'échanges placée sur les voies qui mènent de l'Angleterre et de la Hanse vers les foires de Champagne, elle bâtit également sa prospérité sur l'industrie du drap.

Nef, cathédrale Notre-Dame, Amiens.

Dans une émulation folle, chaque cité entreprend de rebâtir ses anciens édifices. Toujours plus grands, plus hauts, plus lumineux. À Tournai, le chœur, entièrement repris à partir de 1243, double de longueur. L'abside en hémicycle de Laon, qui ne date pourtant que des années 1160, est détruite vers 1200 pour amplifier l'espace intérieur. La cathédrale de Metz, agrandie par l'évêque Jacques de Lorraine (1239-1260), englobe et intègre l'ancienne église Notre-Dame-la-Ronde dans son vaisseau[11].

Des sommes fabuleuses sont englouties, les chantiers durent des décennies, parfois plusieurs siècles. Il arrive que le peuple et les bourgeois se révoltent devant l'énormité des taxes. L'idée que ces monuments de pierre et de verre incarnent l'unité de la société médiévale n'est qu'un mythe nostalgique du XIXe siècle[12]. À Reims, la construction est interrompue. À Amiens, à Laon, des émeutes éclatent. Des chanoines y laissent la vie. Mais les chantiers finissent toujours par reprendre. Car les cathédrales manifestent la gloire de l'évêque, celle du pouvoir royal qui se dégage peu à peu de la gangue féodale, mais aussi la richesse et la fierté de la ville, de ses associations de métiers qui contribuent par leurs dons à leur édification et à leur embellissement. Lorsque l'argent manque, les reliques sont exhibées en processions dans les rues de la ville et les chemins de la campagne pour revivifier la ferveur des foules et attirer de nouvelles donations.

À Amiens, les bateliers de la Somme et les teinturiers sont particulièrement généreux. À partir de 1220, la cité picarde bâtit la plus vaste cathédrale de France avec une longueur intérieure de 133,50 mètres et une nef qui culmine à 42,30 mètres. Beauvais veut faire mieux en lançant en 1225 le plus haut édifice de la Chrétienté. Le chœur s'envole à 48 mètres, 68 mètres avec les combles. Il faut vingt ans pour l'élever et en 1284… il s'effondre ! Le chantier sera sans fin. La flèche, haute de plus 150 mètres, un défi aux lois de l'équilibre, est terminée en 1569 et s'écroule à son tour en 1573. Inachevée, la cathédrale de Beauvais est aujourd'hui encore menacée par son instabilité. Péché d'orgueil, diront certains – le mythe de Babel est l'un des plus couramment illustrés au Moyen Âge… Peut-être. Mais l'impression de verticalité, d'élévation qui se dégage de ce géant inachevé témoigne de l'extraordinaire vitalité du temps.

[11] Dany Sandron, *Le Monde de la Bible*, septembre-octobre 1999.

[12] Michael Camille, *Images dans les marges, aux limites de l'art médiéval*, coll. « Le Temps des images », Gallimard, 1997.

> À l'époque grégorienne, l'image du seigneur est souvent représentée dans le cul-de-fou de l'abside qui, par sa concavité, évoque le ciel. Apôtres et saints figurent dans le registre inférieur, tandis que le soubassement est composé d'éléments architecturaux : ce passage progressif du monde spirituel au monde matériel symbolise la propagation de l'esprit divin aux hommes par l'intermédiaire des saints.

Abside, chapelle des Moines, Berzé-la-Ville, Saône-et-Loire.

Abside, église romane de Gourdon,
< **Saône-et-Loire.**

1.1 Le ciel comme une amande

Le Christ de la réforme grégorienne (seconde moitié du XIe siècle) est, comme son Église, triomphant. Les artistes le représentent généralement en majesté, de face. Assis sur un trône, il règne dans une mandorle, gloire ovale en forme d'amande qui symbolise l'éternité. Ses pieds, dépassant de la mandorle, reposent sur la terre : car il est à la fois maître de l'au-delà et de l'ici-bas. La main droite, levée, est bénissante. Ce geste, celui de la guérison et des exorcismes, rappelle le Messie thaumaturge des débuts du christianisme[13]. Mais ici, les attributs de la souveraineté, appuyés par la sévérité lointaine du regard, lui donnent une signification plus forte : la main levée souligne surtout la valeur charismatique du chef[14].
Cette vaste fresque orne l'abside de la chapelle dite des Moines, à Berzé-la-Ville, un petit édifice bâti par l'abbé de Cluny, Hugues de Semur, vers 1100, afin d'y trouver calme et réflexion. À la gauche d'un Christ de quatre mètres de haut se tiennent les apôtres Pierre et Paul. Ils représentent eux aussi le pouvoir, plus précisément le pouvoir pontifical car leurs reliques se trouvent à Rome et leurs portraits figurent sur le sceau du pape. À Pierre, le Seigneur tend un phylactère à l'inscription très abîmée. Cette composition peu commune – la *traditio legis* ou « remise de la loi » – est sans doute très fidèlement inspirée de celle qui figurait dans l'abside de l'abbaye de Cluny, aujourd'hui totalement détruite. Elle trouve son origine dans l'art funéraire paléochrétien, mais on la voit combinée à des motifs particuliers : en marge du collège des apôtres figurent, à la droite du Christ, les diacres Vincent et Laurent, à sa gauche, deux évêques ou abbés clunisiens. Ils représentent les héritiers des apôtres : la loi, transmise de Dieu à Pierre, passe ensuite à tous à ses successeurs, dont font partie les membres éminents de l'ordre. Une façon de rappeler que Cluny est directement rattaché au pape, et indépendant face aux seigneurs locaux et au pouvoir temporel, avant même la réalisation de la réforme grégorienne.

[13] Thomas F. Mathews, *The Clash of Gods. A Reinterpretation of Early Christian Art*, Church History, 64, 1995, p. 251-252.

[14] Jean Wirth, *L'Image à l'époque romane*, Éditions du Cerf, 1999.

> L'offrande d'un modèle d'église matérialise l'acte de fondation d'un nouvel édifice. Les fidèles qui contribuent à sa construction par leurs dons s'ouvrent les portes du salut.

Chapiteau, cathédrale Saint-Lazare, Autun.

< Les élus se présentent à saint Pierre à l'entrée du paradis, qui est figuré comme une cathédrale.

Portail du Beau Dieu, cathédrale Notre-Dame, Amiens.

1.2 Donner et recevoir

L'acte de donation est au Moyen Âge un acte fort, qui ouvre au fidèle le chemin de la rédemption. Inscrit dans les intentions de prière de la communauté religieuse à laquelle il adresse son offrande, il garantit son salut et celui de ses parents, tout en contribuant au prestige de sa famille. Fortement encouragées par l'Église, les donations, à partir de la réforme grégorienne, s'investissent tout entières dans des constructions aux dimensions croissantes. Le portrait des fondateurs s'introduit alors dans les sculptures et les vitraux des édifices religieux, souvent jusque dans le chœur.

Les scènes de donation remontent à l'époque du haut Moyen Âge. On y voit de grands personnages ecclésiastiques – archevêque, pape… – offrant au saint patron de la communauté un modèle en réduction de l'église. Mais à partir de l'an mil, ces fondateurs se diversifient considérablement, qu'ils soient de simples clercs ou même des laïcs. Sur ce chapiteau de la cathédrale Saint-Lazare, à Autun, ils sont deux personnages à tenir le modèle. Un troisième, émergeant d'un nuage, semble bénir le don. Peut-être s'agit-il du comte Hugues II et d'Étienne de Bâgé, évêque d'Autun au XIIe siècle, unis dans l'acte de donation sous le regard d'un ange.

< Le pèlerin fait partie des élus dans les scènes de Jugement dernier. Il porte parfois sur sa panetière une coquille Saint-Jacques, comme ici, ou bien une croix. La première indique qu'il est en chemin vers le sépulcre de Jacques le Majeur à Compostelle, la seconde vers celui du Christ à Jérusalem, les deux sanctuaires les plus prestigieux du Moyen Âge avec Rome.

Tympan,
cathédrale Saint-Lazare, Autun.

1.3 Les chemins de la pénitence

Il apparaît souvent cheminant, incliné sur sa canne en forme de tau. Le pèlerin est l'une des images récurrentes de l'iconographie médiévale. Elle témoigne d'une réalité déconcertante, l'extrême mobilité des hommes[15] en un temps où les routes sont cahotiques et peu sûres, où l'on se déplace surtout à pied, à dos de cheval ou de mulet, où les voyageurs les plus pressés n'accomplissent pas plus de 60 kilomètres par jour. Pourtant, tout un Moyen Âge voyageur se lance dans de longues pérégrinations à travers l'Europe, des terres d'Angleterre à celles d'Espagne, de reliques en sanctuaires, de monastères en abbayes.

Le pèlerinage n'est pas un acte de désir ou de plaisir, mais bien une épreuve, un instrument de purification qui permet au pécheur de s'amender et de gagner le salut ; ceux qui l'accomplissent par curiosité ou pour la gloire sont condamnés. Il s'inscrit dans un monde encore mouvant, où les hommes ne se sentent pas enracinés : l'idée de propriété, au sens moderne du terme, est presque inconnue, paysans comme seigneurs n'ont que des droits d'usufruits sur leurs terres. Le pèlerinage[16] répond, enfin, à un sentiment profond de la religion chrétienne, une religion dont le Messie dit à son fidèle : « Laisse tout et suis-moi ».

[15] Sur la mobilité des hommes du Moyen Âge, lire Jacques Le Goff, *La Civilisation de l'Occident médiéval*, *op. cit.*

[16] *Ibid.*

< La clôture sud du chœur de Notre-Dame d'Amiens raconte en huit tableaux l'histoire miraculeuse des reliques de saint Firmin, premier évêque de la ville. On le voit d'abord entrer dans la cité par la porte de Beauvais qui vit passer les rois de France (à droite). Dénoncé par les prêtres romains, il est arrêté (à gauche), jugé et décapité en 287. Quatre siècles plus tard, alors que l'évêque saint Sauve, désireux de retrouver ses reliques, invoque les prières des fidèles, son corps est désigné par un rayon lumineux, puis découvert en présence de nombreux évêques (page 28). Le dernier tableau montre la translation des reliques vers la première cathédrale d'Amiens, édifiée par saint Sauve en 660, tandis que les arbres fleurissent en plein hiver et que les paralytiques se lèvent (page 29).

Clôture du chœur,
cathédrale Notre-Dame, Amiens.

1.4 Magiques reliques

Dans le culte des reliques se manifeste toute la part magique de la foi médiévale. Leur pouvoir miraculeux est un pouvoir actif, ici et maintenant[17]. Elles sont traitées comme les saints eux-mêmes. C'est ainsi que, lors de la consécration de la cathédrale de Cambrai, en 586, tous les restes sacrés des bienheureux du diocèse sont disposés autour du maître-autel, ceux de saint Géry, ancien évêque de la ville, étant déposés sur la chaire épiscopale elle-même. À Amiens, le prêtre va jusqu'à procéder à la bénédiction avec le bras reliquaire de saint Firmin.

Régulièrement, les reliques sont exhibées dans les rues au cours d'émouvantes processions qui attirent les dons nécessaires à la construction et à l'embellissement des grands édifices. Leur morcellement n'amoindrit pas leur puissance agissante, bien au contraire. Pour les chrétiens, le fait de se diviser sans perdre sa valeur est une propriété sacrée, que détient notamment l'hostie, le corps du Christ restant tout entier présent dans chacun de ses fragments. Il peut arriver – même si le cas est rarement mentionné – que cette croyance se retourne contre le saint : lorsqu'il ne remplit pas son rôle de protection, on maltraite ses reliques pour le châtier.

[17] Sur les reliques, lire Roland Recht, *Le Croire et le Voir, L'art des cathédrales (XIIe-XVe siècles), op. cit.*

Mai : le paysan se repose à l'ombre d'un rosier en fleurs et d'un poirier.

Juin : le faucheur tranche l'herbe à grands gestes.

Juillet : il coupe le blé, faucille à la main.

∧ **Quadrilobes du portail Saint-Firmin, cathédrale Notre-Dame, Amiens.**

1.5 La marche féconde du temps

Janvier, mois de repos et de fêtes. Le paysan ripaille devant une table couverte de mets. Février, il se chauffe chez lui près d'un bon feu de bois. L'homme s'est déchaussé, un jambon pend au plafond. La scène est d'une douce familiarité. Mars, fini le repos, il faut tailler la vigne, mais l'on garde son capuchon, car le temps est froid. Pointe le printemps, qui porte à la main un bouquet d'épis. Mai est le temps seigneurial, celui de la chasse et des expéditions guerrières. Juin, vient le faucheur qui abat l'herbe, juillet, le moissonneur coupe les blés[18]...

Douze mois, douze signes du Zodiaque, douze scènes de la vie des campagnes. L'iconographie des « travaux des mois » a connu une fortune singulière au Moyen Âge. Toutes les cathédrales les représentent. Au portail de la Vierge de Notre-Dame de Paris, leurs figures suivent la marche du soleil : s'élevant avec lui de janvier à juin, puis déclinant jusqu'en décembre[19]. Au portail Saint-Firmin d'Amiens, elles s'enferment dans des quadrilobes en petites saynètes d'une simplicité et d'une vivacité extrêmes. À Chartres, une verrière entière, le vitrail dit du Zodiaque, leur est consacré. Petits instantanés de vie paysanne, réalistes avec naïveté, touchants d'intimité, moments volés à un autre temps, un autre monde. Comment saisir aujourd'hui la force presque mythique qu'avait la scène d'immolation du cochon en décembre pour des hommes obsédés par la nourriture et la crainte d'en manquer ?

Le motif est hérité de l'Antiquité. À l'époque, la marche du temps est figurée par le Zodiaque, calendrier astronomique déterminé par les mouvements du soleil dans certaines constellations. Ce calendrier se double de représentations allégoriques des saisons. Lorsqu'il l'adopte, le christianisme le transforme profondément, découpant l'année en mois, associant aux mois les travaux des champs. Mais le changement le plus profond est dans l'énergie qui, à partir des années 800, se dégage de ces figures[20]. Les tableaux antiques représentaient plusieurs personnages dans des attitudes passives, à portée essentiellement symbolique ou religieuse. Les sculpteurs et maîtres verriers médiévaux préfèrent de véritables scènes de

[18] Sur les différentes représentations des travaux des mois, lire Émile Mâle, *L'Art religieux du XIIIe siècle en France*, Armand Collin, 1919 ; coll. « Biblio essais », Le Livre de Poche, 1993.

[19] *Ibid.*

[20] Jacques Le Goff, « Travail, techniques et artisans dans les systèmes de valeur du haut Moyen Âge », *in Pour un autre Moyen Âge : temps, travail et culture au Moyen Âge*, Gallimard, 1977.

Août : le paysan bat le grain
au rythme du fléau.

Septembre : il récolte les fruits.

Octobre : le vigneron foule
le raisin aux pieds.

labeur, figurant un seul personnage accomplissant une tâche active : les paysans manient la faucille et la faux, battent le grain, nus jusqu'à la ceinture.

Plus qu'un changement esthétique, c'est une rupture culturelle. Avec les réformes agraires de l'époque carolingienne, qui seront suivies de celles de l'an mil, émerge dans les consciences une nouvelle idéologie du travail. Le rapport de la société chrétienne avec celui-ci a toujours été ambigu. Dieu est créateur certes, mais depuis l'expulsion d'Adam et Ève du paradis, le labeur est lié à la chute. Pour l'homme entaché du péché originel, il est pénitence tout au long du haut Moyen Âge.

Les moines doivent s'y soumettre dans la plupart des ordres religieux, mais par renoncement, et pour réprimer les pulsions du corps, ses égarements sanguins. « L'oisiveté est ennemie de l'âme », disait le Règle de saint Benoît. À Cluny, l'obligation sera d'ailleurs très vite interprétée librement, les moines se libérant de la corvée en vaquant dans les cuisines, tandis que les frères convers labourent leurs terres.

Mais insensiblement, avec l'élan économique, la valeur du travail change. Il devient conquérant. La pensée scolastique elle-même évolue. Un ascète comme Bernard de Clairvaux, à qui le travail manuel paraissait indécent, en vient peu à peu à penser que, par son labeur, l'homme dompte la nature, rétablit l'ordre du monde. Qu'il se fait l'auxiliaire de Dieu dans la poursuite de l'œuvre de création.

Le rapport de l'homme médiéval au temps, jusque-là profondément négatif, en est puissamment modifié. Les premiers chrétiens imaginaient que le monde, macrocosme de l'être humain, suivait comme lui la ligne descendante d'un déclin, passant par six âges, de l'enfance à la vieillesse puis à la décrépitude. Vision sclérosée, fermée, tournée vers le passé, rejetant le futur. Lorsque les cathédrales exposent les travaux des mois à leurs façades, elles ne rendent pas seulement hommage au monde paysan qui féconde la ville, lui donne sa prospérité et lui permet de bâtir. Elles rendent gloire au progrès, refusant le pessimisme fondamental des temps anciens.

< *et page 35*

Tailleurs de pierre et sculpteurs sont les donateurs du vitrail de saint Chéron, prêtre évangélisateur et martyr, qui serait mort assassiné par des brigands sur la route d'Ablis à Chartres en 98. Inclinés sur des blocs de calcaire, ils apparaissent au bas de la verrière avec les outils de leur métier, les premiers taillant des blocs pour ériger un édifice, les seconds ciselant des statues royales.

Vitrail de saint Chéron,
cathédrale Notre-Dame, Chartres.

1.6 La fierté des métiers

Parmi les donateurs des cathédrales, les artisans figurent en bonne place. Dans un système généralisé de don et contre-don, ils offrent de l'argent pour les vitraux (mais aussi les chapelles, les tableaux, les objets liturgiques) et obtiennent en échange le droit d'y figurer dans de petites vignettes qui magnifient leurs gestes et leurs outils. Une présence étonnante lorsque l'on connaît la méfiance de l'Église face à la plupart des corps de métier. Bouchers, chirurgiens, aubergistes, notaires, marchands ; mais aussi foulons, tisserands, teinturiers, barbiers ; et encore baillis, gardes champêtres, changeurs, parfumeurs : tous sont mis à l'Index. Ce mépris global du travail, si bien décrit par Jacques Le Goff[21], remonte aux premiers temps du haut Moyen Âge. S'ils tolèrent les travaux des champs, qui évoquent l'acte créateur de Dieu, ou certaines formes d'artisanat très anciennes comme l'orfèvrerie et la forge, les clercs condamnent sans restriction, ou méprisent, la plupart des activités. Le médiéviste y voit une survivance de vieux tabous primitifs : tabou du sang qui entache les bouchers ou les médecins ; tabou de l'impureté et de la saleté pour les teinturiers ou les cuisiniers ; tabou de l'argent pour les changeurs. S'y ajoute la longue liste des péchés chrétiens : luxure où se vautrent les tenanciers d'étuves et les prostituées ; gourmandise favorisée par l'aubergiste ; avarice des avocats et notaires. Et, péché entre les péchés, celui de l'usurier (une profession longtemps dévolue aux juifs), voleur du temps qui seul appartient à Dieu.

Mais le renouveau économique va, là aussi, bouleverser les mentalités. Et les clercs, avec un art certain de la casuistique, révisent peu à peu la liste des métiers licites et illicites. Motifs d'excuse : la bonne intention, qui justifie, par exemple, le vendeur d'armes équipant les soldats d'une bonne cause ; ou encore l'utilité commune, qui réhabilite le marchand, fournisseur de denrées sans lui introuvables. À partir du XIIe siècle, le travail, valorisé, devient mérite. D'habiles argumentations en savantes explications, les clercs en arrivent même à excuser

[21] Lire ses essais fondamentaux, « Métiers licites et métiers illicites dans l'Occident médiéval », *in Pour un autre Moyen Âge, op. cit. ; La Bourse et la vie : économie et religion au Moyen Âge*, Hachette, 1986.

l'impensable. C'est ainsi que l'un des premiers Manuels de confession, écrit par Thomas de Chobham dans les années 1220, ébauche une justification… de la prostitution[22] ! L'évêque de Paris a soumis au savant chanoine un embarrassant problème de conscience. Lors de la construction de Notre-Dame, un groupe de « folles femmes » lui a demandé la permission d'offrir un vitrail à la Vierge. Doit-il accepter ? La prostituée, répond l'habile clerc, « agit mal en étant une prostituée, mais n'agit pas mal en recevant le prix de son travail étant admis qu'elle est une prostituée. D'où le fait qu'on peut se repentir de se prostituer, et toutefois garder les bénéfices de la prostitution pour en faire des aumônes. » L'important étant de ne pas prendre de plaisir…

Les cathédrales sont les témoins de cette évolution. Ancrées dans la ville, elles grandissent de l'effort et la réussite de couches nouvelles de la société. Les donateurs qui financent les chantiers sont ces commerçants et artisans autrefois méprisés. Moteurs de l'essor urbain, ils veulent en retour la reconnaissance sociale. La religion sera leur tremplin. Chaque profession se choisit un saint patron et entre avec lui avec fierté au cœur de l'église. Parfois même, les artisans, incorporés dans les cycles de récits, se voient représentés comme une partie de l'Histoire sainte[23]. Dans le vitrail du bon Samaritain, à la cathédrale de Chartres, figurent Adam et Ève condamnés à travailler : « *In sudore vultus tui vesceris pane* » (« Tu gagneras ton pain à la sueur de ton front »), dit Dieu à Adam. Les donateurs, des cordonniers, s'affairent dans le registre du bas. Par le jeu de mots entre *sutor* (cordonnier) et *sudor* (sueur), le concepteur du vitrail a su établir un lien direct entre les artisans et le thème traité. Le travail apparaît bien comme un châtiment, mais le vitrail porte aussi un autre message : obéissance à Dieu et pénitence conduisent au salut. Un salut espéré par les cordonniers en échange de leur don.

[22] Jacques Le Goff, *Pour un autre Moyen Âge, op. cit.*

[23] Wilhelm Schlink, *Der Stifter schleicht sich in die Heilsgeschichte ein. Zum Chartreser Samariterfenster*, cité par Brigitte Kurman-Schwartz et Peter Kurman, *Chartres, La cathédrale*, Zodiaque, 2001.

< > Sur l'un des plus anciens vitraux de la cathédrale de Rouen, daté du début du XIIIe siècle, apparaissent les premières représentations de la cathédrale. En cours d'élévation, elle se reconnaît à une impressionnante rangée d'arcs-boutants et à de hautes verrières de couleur rouge. Entre autres scènes de construction, on aperçoit le maître d'œuvre, un parchemin dans la main, donner ses ordres à un compagnon, tandis qu'un maçon dépose une pierre de corniche.

Vitrail de la vie de saint Jean,
cathédrale Notre-Dame, Rouen.

< Expérimentée en Île-de-France au cours du XIIe siècle, la voûte sur croisée d'ogives permet d'alléger le mode de couverture des églises, de leur donner une plus grande hauteur et de percer largement les murs pour laisser entrer la lumière. Le temps des cathédrales gothiques peut commencer.

Cathédrale Notre-Dame, Chartres.

Chapitre 2

De l'ombre à la lumière

« Que vient faire dans les cloîtres, face aux frères qui lisent, cette ridicule monstruosité, cette étonnante beauté difforme et cette belle difformité ? Que viennent faire ces singes immondes, ces lions cruels, ces centaures monstrueux, ces êtres moitié hommes, ces tigres tachetés, ces chevaliers au combat, ces chasseurs sonnant le cor ? »

Bernard de Clairvaux (1090-1153).

C'est, dit-on, dans la petite église cachée aux replis de la campagne française, la chapelle oubliée des vieux villages de Saintonge ou d'Auvergne, l'humble sanctuaire ramassé au sommet d'une butte sur la terre mouvante de Bourgogne que rôde encore l'esprit roman. Poussée la porte, le regard, d'abord enfermé dans l'enfilade obscure des lourdes voûtes et des piliers massifs, s'affine, saisit dans les reliefs chahutés d'un chapiteau une figure étrange – créature hybride, griffons adossés, masque énigmatique à la beauté brute, primitive.

L'esprit roman est là, très sûrement. Mais il est aussi, puissamment affirmé, dans cette grande abbaye si connue, si visitée qu'est Vézelay. Séduisant et dérangeant, dépouillé de sa trompeuse simplicité, travaillé des contradictions de son temps.

Ombre et lumière. Sept heures trente, un matin de printemps, les dernières moniales en robe bleu et blanc passent le lourd portail de la basilique. Les laudes se terminent, l'église est vide, le chant d'un violon, reprenant toujours la même phrase, monte du cloître en nappes étouffées. Simplicité, limpidité. Les dix travées de la grande nef s'élancent avec vigueur vers le chœur. Netteté des voûtes arquées, rythmées par une alternance de pierres blanches et brunes. Mais cette austérité s'adoucit de la lumière pure du soleil levant qui se glisse, verticale, sur la pierre crémeuse, joue avec les volumes du vaisseau, y ajoutant une rondeur, un angle, tel un matériau intangible. Guidés vers les hauteurs par la clarté, les yeux se détachent de l'harmonie paisible de la nef. Et là, au sommet des piliers, tombent, éberlués, sur la guerre et le chaos : monstres dévorant des pénitents aux corps tordus d'angoisse, diables hirsutes et grimaçants, langues arrachées, têtes décapitées, femmes hideuses aux seins tombants, le corps enlacé par un serpent.

Lumière et ombre. En un même temps. L'art roman peut difficilement se résumer à quelques clichés simplistes. Ce n'est pas un style, mais des styles, pas une tonalité, mais

> Les chapiteaux sont le support de prédilection des sculpteurs romans. Dans la nef de l'abbaye de Vézelay, d'une grandeur et d'une simplicité austère, la complexité de leur décor saisit le regard, les images tissant entre elles un étroit réseau de signes. Le chapiteau dit des « Génies du vent » montre quatre personnages tenant ce qui pourrait être des ruches où le pollen devient miel grâce au labeur des abeilles. Cette image symbolise la conversion qui est, elle aussi, transformation, travail sur soi-même.

Chapiteau, nef, bas-côté sud, abbaye de Vézelay.

une harmonie – parfois une dysharmonie – de tonalités. À la fois mystique et violent, austère et drôle, moralisateur et libre. Total.

Et dissemblable selon les édifices et les régions. En réalité, le Moyen Âge n'a jamais conçu un art roman. Ni d'ailleurs un art gothique. La qualification est récente, une commodité de l'esprit pour tenter de mettre un semblant d'ordre dans des réalisations architecturales qui couvrent un millénaire. Au XIIe siècle, le terme « roman » désignait simplement les langues vulgaires parlées par le peuple, en opposition au latin que ne possédaient que les clercs. Puis, substantivé, les textes littéraires – tel le *Roman de Renart* – écrits dans ces langues populaires.

C'est seulement dans les années 1820 que des historiens de l'art commencent à l'utiliser pour qualifier les monuments qui relèvent encore d'une conception antique, tout en se distinguant d'édifices médiévaux plus tardifs dits gothiques : globalement, les églises édifiées entre l'an mil et la seconde moitié du XIIe siècle. Leurs critères sont presque seulement architecturaux. Aujourd'hui encore, pour beaucoup, l'art roman c'est l'arc en plein cintre, les formes rondes, les murs épais et les nefs sombres, face aux ogives, arcs-boutants et verrières illuminées du gothique. Mais Vézelay, arche de lumière, entre difficilement dans cette définition étroite. Tout comme les églises méridionales qui conserveront longtemps de grandes et légères charpentes de bois pour ménager dans leur vaisseau un éclairage direct. Ou encore les nefs bourguignonnes qui préfèrent au plein cintre la voûte en berceau brisé car elle permet d'élever de plus hautes verticales. Que dire enfin des grandes cathédrales romanes ? En dehors de quelques édifices comme Autun, Arles ou Vaison-la-Romaine, la plupart ont été remaniées, agrandies à partir du XIIIe siècle, et ne laissent entrevoir qu'une image parcellaire de ce qu'elles furent autrefois.

Plus que toute autre période du Moyen Âge, l'art roman souffre du péché de noirceur. Il apparaît à une époque, l'an mil, prétendument terrifiée par l'imminence de la fin des temps, pessimiste et enfermée sur elle-même. Cette vision, largement exploitée par les milieux romantiques du XIXe siècle, qui y trouvèrent un terrain propice à leur imagination, plonge ses racines dans le vieux mythe millénariste, l'un des aspects les plus discutés du christianisme médiéval.

Le millénarisme est ce rêve d'un millénium, un âge d'or de mille ans – en réalité l'éternité – restauré sur terre par le retour du Fils de Dieu parmi les hommes. La magnifique Apocalypse selon Jean, texte prophétique, « révélation[1] » de Jésus-Christ, a nourri ses images les plus impressionnantes et les plus énigmatiques. Mais ce retour espéré du Christ doit être précédé par des événements terribles qui accaparent bientôt toute l'attention des hommes du Moyen Âge[2].

---

[1] « Révélation » est le sens du mot grec *apocalypsis*.

---

[2] Jacques Le Goff, *La Civilisation de l'Occident médiéval, op. cit.*

< La figure du Diable est omniprésente dans les églises de l'an mil. Comme elle l'est dans la vie quotidienne : pour les hommes d'alors, Satan n'est pas un être lointain, mythique, sa présence est perceptible partout. Nombreux sont les témoignages de rencontre avec la créature des Enfers. Dans l'imagerie romane, les scènes de tentation sont nombreuses. On voit ici saint Benoît entouré d'un couple infernal composé d'un démon et d'une femme tentatrice.

Chapiteau, nef, bas-côté sud,
abbaye de Vézelay.

C'est « l'abominable dévastation » annoncée par l'Évangile de Matthieu (24, 15) : « On se dressera nation contre nation et royaume contre royaume ; il y aura en divers endroits des famines et des tremblements de terre. Et tout cela sera le commencement des douleurs de l'enfantement[3]. » Ces visions de terreur sont hantées par une figure diabolique, dessinée autour du VIIIe siècle, qui orchestre les catastrophes et tente d'entraîner l'humanité dans la damnation éternelle : l'Antéchrist, antithèse du Christ.

L'annonce de la fin des temps semble proche à des hommes qui ont connu les massacres des invasions barbares, la grande peste du VIe siècle, les terribles famines qui se répètent de loin en loin. « L'Occident médiéval, c'est, dans l'attente d'un salut espéré, le monde de la peur certaine[4]. » Le millénarisme, combattu par l'Église, ne sera jamais un courant dominant dans la religion chrétienne. Certains historiens contestent même sa réalité. Il semble pourtant qu'il traverse tout le Moyen Âge, resurgissant lors des grandes crises comme la peste noire de 1348, polarisant les mentalités autour de phénomènes géographiques et météorologiques qui sont perçus comme autant de signes annonciateurs : comètes, raz de marée, pluies de boue, tremblements de terre... Il animera même des mouvements révolutionnaires, de faux messies et véritables meneurs politiques s'emparant du mythe pour entraîner les foules.

Mais ces poussées millénaristes datent surtout du XIIIe siècle, grande époque des hérésies. Autour de l'an mil, la plupart des chroniques ne sont guère plus catastrophistes qu'en d'autres temps. Ni la Bible, ni les exégètes n'ont jamais fixé de date à la fin des temps. Quant aux gens du peuple, aux illettrés, savaient-ils seulement en quelle année ils vivaient ? Les calendriers sont alors incertains, les années ne commençant pas au même moment dans tous les pays, certaines à Pâques, d'autres, plus rares, au 1er janvier, les jours débutent, selon les régions, au coucher du soleil, à minuit ou midi, les heures sont approximatives, inégales. Le temps est, alors, surtout rythmé par les saisons et les travaux des champs. Et le millénaire sans doute passé sans que personne ne s'en aperçoive. Le mythe semble en fait né *a posteriori*, notamment sous la plume du moine Raoul Glaber (fin Xe-vers 1049), Raoul le Glabre, qui composa, dans les dernières années de sa vie, une *Histoire* où il prétendait rapporter tout ce qui s'était passé d'important en Occident depuis l'an 900. Dans cette compilation, où se croisent anecdotes authentiques et invraisemblances flagrantes, il raconte les prodiges et terreurs qui auraient accompagné l'an mil et l'an 1033, respectivement millénaires de l'Incarnation et de la Passion, avec un pittoresque et une vivacité qui devaient entretenir la crédulité durant des siècles.

[3] La Bible, traduction œcuménique, Matthieu, 24, 7-8.

[4] Jacques Le Goff, *La Civilisation de l'Occident médiéval*, *op. cit.*

> La représentation du Diable et de ses créatures obéit à un véritable code iconographique à l'époque romane. La tête joue un premier rôle : visage convulsé, yeux exorbités, nez proéminent ou au contraire écrasé, oreilles dressées, velues, hérissées comme les flammes de l'enfer, bouche grande ouverte. La langue, lieu privilégié du péché à l'époque médiévale, est souvent exhibée. Le corps est nu, parfois velu. Le Diable porte cornes, pieds et queue de bouc. Quand il a des ailes, ce sont des ailes de chauve-souris ; lorsqu'elles ressemblent à celles des anges, c'est pour rappeler qu'il est une créature céleste déchue. Les artistes de l'époque, que l'on voit souvent empruntés lorsqu'ils représentent le bien ou les vertus, font preuve d'une inventivité et d'un réalisme sans fin lorsqu'ils mettent en scène le mal, la laideur, la peur et la souffrance.

Jugement dernier, tympan (XIIe siècle), cathédrale Saint-Lazare, Autun.

Mais si les terreurs de la fin des temps ne sont que fantasmes modernes, pourquoi alors toutes ces images d'Apocalypse, de Jugement dernier à l'entrée des églises romanes ? Dès le début du XIe siècle, la thématique envahit irrésistiblement les ouvertures côté occident, côté soleil couchant. Elle accompagne le développement des vastes portails qui mangent de plus en plus la façade des édifices.

C'est, en réalité, dans la fonction nouvelle de l'église plutôt que dans l'air du temps qu'il faut chercher les raisons de cette omniprésence. Elle est le fruit d'une longue évolution, commencée dès l'Antiquité. Une évolution profondément symbolique. Alors que dans les temples païens, seuls pénétraient les prêtres, l'église s'affirme comme la maison de tous les fidèles. Son architecture copie celle des basiliques romaines, des édifices civils où se tenaient les tribunaux, parfois les marchés. Cette maison de Dieu, prévue pour accueillir des foules, clercs comme simples fidèles, deviendra dans l'esprit des lettrés une sorte d'image terrestre du paradis, de la Jérusalem céleste.

Jusqu'à l'époque carolingienne (VIIIe-Xe siècles), le Seigneur en majesté, revenant à la fin des temps, figure surtout à l'intérieur de l'édifice, dans l'abside. Mais déjà, l'entrée ouest, massif imposant encadré de tours, apparaît comme un espace de transition, un passage vers le sein du Christ. Elle est consacrée aux anges et, plus particulièrement, à saint Michel, gardien de la chapelle haute, préfigurant le rôle de psychopompe, de conducteur des âmes des morts, qu'il tiendra ensuite dans les Jugements derniers.

La grande invention de la période romane, c'est de projeter le Christ à l'entrée de l'église. Il est là, au seuil de la porte. Il est la porte, et celui qui entre par cette porte sera sauvé. C'est à l'époque romane que les églises deviennent des refuges pour les gens traqués. L'assassinat de Thomas Becket, l'archevêque de Canterbury, dans sa cathédrale en 1170 en parut proprement inconcevable.

Dès lors, les images de l'Apocalypse et du Jugement dernier apparaissent d'abord comme un message d'espoir. De triomphe. L'annonce de la victoire de Dieu et du salut de l'homme, d'une rénovation totale du monde telle que la formule l'Apocalypse : « Il n'y aura plus ni deuil, ni cri, ni souffrance, car le monde ancien a disparu. Et celui qui siège sur le trône dit : "Voici, je fais toutes choses nouvelles[5]". » Mais elles sont aussi un terrible avertissement. Car les artistes romans vont mettre toute leur imagination – et parfois une certaine perversité… – dans la description des châtiments réservés aux âmes perdues. Tandis qu'à la droite de Dieu, les élus défilent vers le paradis en un alignement monotone et figé, traduisant la sérénité, à sa gauche, les damnés, nus et terrifiés, sont enfournés dans la gueule d'un monstre d'où sortent des flammes, une évocation du Léviathan du Livre de Job.

[5] La Bible, traduction œcuménique.

> La chute est l'un des thèmes favoris des artistes romans. L'une de ses figurations les plus frappantes est sans doute celle de Simon le Magicien sculptée sur l'un des chapiteaux de la cathédrale d'Autun. Ce sorcier vivant à l'époque des apôtres propose à Pierre de lui acheter le secret qui lui permet de réaliser des miracles. Comme il refuse, Simon le défie devant Néron, se prétendant doté de pouvoirs supérieurs à lui et capable de voler du haut du Capitole vers les cieux, comme le Christ lors de son ascension. Il n'y parvient qu'un moment grâce aux ailes que Satan lui a fixées dans le dos, mais dès que Pierre commence à prier, il s'écrase sur le sol. Dans la figuration de cette époque, toute torsion, tout déséquilibre sont signes de péché et de châtiment.

Chapiteau, nef,
cathédrale Saint-Lazare, Autun.

Image inversée du paradis – flammes, tourments et ténèbres, contre fraîcheur, délices et lumières –, l'enfer devient un royaume bien plus diversifié que lui[6]. Son iconographie se développe en des raffinements extrêmes. Peu à peu, à chaque type de péché est associé un type de châtiment. Au tympan de l'ancienne abbaye de Conques, un roi nu voit sa couronne retournée mordue par un démon, un faux-monnayeur, assis dans les flammes, avale du métal en fusion, un drapier malhonnête est pendu pour « rendre » ce qu'il a volé. Ailleurs c'est un gourmand qui rôtit sur une broche, un chevalier orgueilleux précipité de son cheval.

Les mêmes scènes infernales envahissent les chapiteaux à l'intérieur des édifices. Alors que le Diable était rare, jusque-là, dans les églises, l'art roman lui fait une large place. À partir du XIe siècle, sa figure est presque aussi présente que celle du Christ. Il est accompagné d'un aréopage d'acolytes monstrueux et autres créatures dépravées qui viennent tourmenter une humanité fragile.

Conçue d'abord dans les milieux monastiques, où se développent des pratiques ascétiques d'une rigueur nouvelle, l'image sculptée est principalement mise en garde. Elle rappelle la présence des forces hostiles qui guettent l'homme, s'efforcent en permanence de le dévoyer. Certes, la société se réforme, et renaît à la lumière en ces débuts du XIe siècle. Mais elle est toujours travaillée par la violence et la barbarie. L'art roman se forge dans un monde féodal qu'écrase la brutalité des hommes de guerre. Un monde fortement marqué par la culture des chevaliers : une culture violente, irrationnelle, hermétique aux textes et à l'écriture, sensible aux gestes et aux rites. L'autorité du Christ y prend parfois des allures féodales ; la posture de la prière est celle du vassal prêtant hommage à son seigneur, tête nue, inclinée, mains jointes[7].

Le monachisme lui-même, dont beaucoup de membres sont issus des grandes familles seigneuriales, a des allures combattantes. Pour Bernard de Clairvaux (1090-1153), c'est par la lance et l'épée que se livrera le combat pour l'amour du Christ. Il fut l'un des grands promoteurs des croisades en Terre sainte, dans lesquelles l'Église va, à partir du XIIe siècle, canaliser les velléités belliqueuses des chevaliers. S'il est interdit à un chrétien de verser le sang d'un autre chrétien, car c'est répandre le sang du Christ, les prêtres bénissent les épées qui trancheront la gorge des Infidèles. Dans la sculpture religieuse, la lutte contre le Mal prend les allures d'un combat à l'arme blanche. Les vertus sont figurées en chevaliers, les fresques des absides ou des cryptes représentent des Christ chevauchant, farouches, armés de lances et de glaives.

---

[6] Sur l'enfer et ses créatures, lire Michel Pastoureau (avec Frank Horvat), *Figures romanes*, Seuil, 2002.

---

[7] Georges Duby, *Le Temps des cathédrales*, *op. cit.*

< « Nous sommes ici comme des guerriers sous la tente, cherchant à conquérir le Ciel par la violence, et l'existence de l'homme sur la Terre est celle d'un soldat », prêchait saint Bernard de Clairvaux. Le monde féodal du XIe siècle est profondément marqué par la culture brutale et virile des chevaliers. L'Église tente alors de la canaliser par des périodes de trêves, appelées « paix de Dieu », mais surtout en lançant ses fidèles les plus fougueux dans la « juste guerre » des croisades. L'énergie et l'éthique des guerriers envahissent les églises romanes. Les scènes de combat à l'arme blanche s'y multiplient. Elles sont autant d'occasions de représenter la lutte du Bien contre le Mal. Ici, le combat de David contre un Goliath casqué et vêtu, tel un chevalier médiéval, d'une cotte de maille.

Chapiteau, nef, bas-côté nord,
abbaye de Vézelay.

L'époque est brutale, manichéenne. Mais aussi imaginative, incroyablement libre. Jamais dans toute l'histoire chrétienne, les édifices du culte n'ont abrité autant de représentations. À tel point qu'elles seront l'objet d'une querelle esthétique entre les Bénédictins, qui aiment à surcharger leurs édifices d'images, et les Cisterciens, qui les condamnent. En 1124, dans un virulent pamphlet dirigé contre Cluny, Bernard de Clairvaux s'élève contre les sculptures merveilleuses et absurdes qui foisonnent dans les monastères, parce que, dit-il, elles gaspillent un argent qui serait mieux consacré aux pauvres, mais aussi captent l'attention des moines, les mènent à la curiosité et la rêverie, les détournant de la méditation.

Les images sont sculptées au tympan des portails, au sommet des piliers de la nef, mais aussi peintes en couleurs éclatantes sur les murs, dans l'abside, déclinées par les mosaïques du sol, les motifs chatoyants des tentures. Registre parfois gaulois, paillard, perchant sur les modillons extérieurs des personnages qui montrent leurs fesses, défèquent. Fantaisiste, peuplé d'animaux fantastiques, d'êtres extraordinaires. Le monde médiéval, qui repousse peu à peu ses frontières, imagine alors des mondes prodigieux, peuplés d'êtres étranges, aux confins des mers. L'Orient méconnu, l'océan Indien, que l'on pense fermé, sont des réceptacles infinis de rêve et de merveilleux. Et les encyclopédies remplies d'êtres fantastiques que les artistes reproduisent fidèlement : sciapodes, hommes monstrueux vivant en Inde ou en Afrique qui ne possèdent qu'un pied, gigantesque, dont ils se servent pour se protéger du soleil ou s'abriter de la pluie ; basilics, êtres mi-coqs, mi-serpents, nés d'un œuf de coq couvé par un crapaud, qui tuent d'un unique regard venimeux ; licornes, créatures sauvages que seule une vierge peut approcher. Le tympan du portail central, à Vézelay, représente une incroyable procession de peuples accourus des extrémités de la Terre : pygmée d'Afrique utilisant une échelle pour monter sur son cheval, indigènes venus des Indes affligés de grandes oreilles (car on imagine que les peuples primitifs ont une ouïe plus développée que la nôtre), hommes à tête de chien. Toute une drôlerie, un sens de l'amusement qui vont peu à peu disparaître de la sculpture gothique.

Car plus que dans l'architecture, plus que dans l'art de capter et sublimer la lumière, c'est dans l'iconographie que se perçoit la fracture, ou plutôt l'évolution, entre les deux grands âges de l'art médiéval. Une évolution déterminée par celle de l'Église qui devient de plus en plus dogmatique, organisée. L'époque gothique est intellectuelle, rationnelle. Il y a certes, déjà, des lettrés au début des temps romans : l'école de Laon, l'école de Reims puis celle de Chartres. Mais ils sont peu nombreux, leur pouvoir reste limité. Les seigneurs, on l'a dit,

> Hiératique, presque primitif dans le trait et pourtant tout imprégné de souffrance, le magnifique visage du Christ dit de Saint-Odon, sculpté en Bourgogne vers la fin du XIIe siècle.

Musée Rolin, Autun.

préfèrent les armes aux livres. Le roi lui-même est inculte. Les grandes écoles cathédrales se développent surtout au XIIe siècle, les universités plus tard encore – les plus anciens statuts, ceux de Paris, datant de 1215.

Ce dogmatisme gothique se lit dans l'organisation des programmes sculptés, toujours plus pensée. À la façade de la cathédrale d'Amiens, alors que le Jugement dernier figure au centre, à sa gauche se trouve le portail de la Mère-Dieu, à sa droite celui de saint Firmin, premier évêque de la ville. Une composition qui ordonne l'ensemble du monde céleste : les élus, représentés par le saint du diocèse, la Vierge intercédant pour les humains, et le Christ triomphant au milieu du collège des Apôtres et des anges.

Les images s'assagissent. Le IVe Concile du Latran, en 1215, pose des règles, encore observées dans l'Église actuelle, qui établissent une frontière plus stricte entre spirituel et profane. Surtout, le rapport au monde évolue. Tout au long du haut Moyen Âge, et au début de l'époque romane, les sculpteurs tournent le dos à l'univers réel, à la nature et à l'individu. Ils représentent le Christ et son aréopage sur un niveau supérieur, différent du nôtre. Les figures n'ont pas besoin de réalisme, puisqu'elles appartiennent à un autre monde. Mais les théologiens de l'époque gothique ont une autre vision. Puisque Dieu a créé le monde, disent-ils, la nature, toute la nature, fait partie de la Création. La montrer telle qu'elle est, c'est aussi rendre gloire à Dieu.

Tandis que la terre, purgée de ses ronces et de ses monstres, s'ordonne autour des monastères et dans les grandes propriétés seigneuriales, tandis que les voyageurs explorent de nouveaux mondes, que les traités des naturalistes et des astronomes remplacent les anciens bestiaires, les bizarreries de l'imaginaire sont refoulées, les merveilles reculent dans le monde de la fable, les motifs et les formes s'épurent pour conduire à la pleine lucidité du gothique. Dans la cathédrale Notre-Dame de Paris, dans celle de Reims, les fûts des colonnes voient s'épanouir une flore qui semble exécutée d'après le motif. Les érudits, dit le médiéviste Émile Mâle, y reconnaissent les fleurs de la nature, « le plantain, l'arum, la renoncule, la fougère, le trèfle, la chélidoine, l'hépatique, l'ancolie, le cresson, le persil, le fraisier, le lierre, la fleur du muflier et du genêt, la feuille du chêne[8] ». Il ne s'agit pas à proprement parler de réalisme, mais plutôt d'un naturalisme idéalisé, une figuration de la forme universelle, exemplaire, qui existe pour chaque espèce dans l'esprit de Dieu.

Les traits humains gagnent en expressivité. L'art gothique voit émerger l'individu. Un individu sensible, tel qu'il apparaît enfin dans les pratiques religieuses qui étaient jusque-là réservées aux clercs. Il faut en effet attendre la fin de l'époque romane pour que les laïcs

pages 52-53

v Longues et rigides, les statues-colonnes sculptées aux porches des églises romanes sont intégrées à l'architecture des portails. Tandis qu'à la période gothique, elles s'animent, se détachant de l'édifice comme des acteurs sur une scène. Lorsqu'il crée la figure de saint Lazare (page de droite), au portail de la cathédrale d'Autun, au XIXe siècle, le sculpteur Pascal retrouve la sévérité des visages du XIIe siècle, date de son élévation.

À gauche,
reine de Juda, portail royal (XIIe siècle), cathédrale Notre-Dame, Chartres.

À droite,
saint Lazare, trumeau, portail, cathédrale Saint-Lazare, Autun.

---

[8] Émile Mâle,
L'Art religieux du XIIIe siècle en France, op. cit.

< La nature, très stylisée dans les églises de l'an mil, devient de plus en plus présente et inspirée par la réalité dans la sculpture pré-gothique et gothique. Les travaux des mois et les signes du Zodiaque sculptés au portail royal de Notre-Dame de Chartres sont l'occasion d'évoquer la flore et la faune. Sous le signe du Cancer, un paysan, symbolisant le mois de juillet, récolte des gerbes de blé au grain méticuleusement dessiné. Sous le signe du Bélier, un homme portant couronne de fleurs, à côté d'un arbre en pleine floraison, figure le mois d'avril.

Travaux des mois, portail royal, voussures de la baie gauche, cathédrale Notre-Dame, Chartres.

accèdent à l'instruction religieuse. L'homme porte désormais en lui ses fautes et ses mérites, il ne doit plus se contenter de faire pénitence, il doit exprimer le regret en une gestuelle expressive. Dans un de ses sermons, le grand évêque de Paris, Maurice de Sully, recommande aux prêtres de ne donner l'absolution au pécheur que s'il manifeste un repentir visible, « s'il se repent avec angoisse de son péché », « s'il soupire et pleure ».

L'étude de la physionomie individuelle devient au XIIIe siècle une science[9]. Au portail des cathédrales, les statues s'animent. Les anges de Reims sourient, mais leur sourire n'est plus un sourire aérien, expression d'une sérénité sans intention. Il s'adresse au fidèle. Dans l'archivolte de la rose, au transept sud, dans les consoles du transept ou des parties hautes du chœur, apparaissent des têtes d'une force expressive, loin de toute caricature, qui semblent de véritables études de caractère. Elles annoncent la tentation du portrait qui gagnera la statuaire au siècle suivant, notamment la sculpture funéraire réalisée de plus en plus souvent d'après le modèle vivant. C'est ainsi, raconte la *Chronique d'Ottokar*, que l'artiste qui préparait le tombeau de Rodolphe de Habsbourg alla jusqu'à compter les rides de l'empereur, reprenant son portrait au fur et à mesure que celui-ci vieillissait.

L'apparition d'une notion nouvelle, le purgatoire, même s'il ne figure pas dans l'iconographie avant la fin du XIVe siècle, révèle le profond bouleversement des mentalités à cette époque[10]. Temps intermédiaire entre la fin de la vie et la résurrection, il peut être raccourci grâce aux suffrages que sont les prières, les aumônes, les messes offertes au nom du défunt. Croyance toute nouvelle en la possibilité d'un rachat individuel après la mort. Confiance accrue non seulement en l'avenir, dans le monde céleste, mais dans le présent, sur terre.

Dans ce monde humanisé, la figure du Christ évolue. Les lettrés discutent sans fin autour de l'idée d'incarnation. Le Dieu fait homme se fraie peu à peu un chemin dans une imagerie complexe, en constante évolution. Après le chef puissant et terrible des débuts de l'âge roman, seigneur féodal qui commande aux anges, aux clercs comme aux laïcs, après le Christ sauveur qui, au XIIe siècle, ouvre largement ses bras à l'humanité à la façade des églises, apparaît le Christ souffrant, le Christ de la Passion, le Christ incarné qui, à Chartres, expose avec humilité ses plaies, entouré des instruments de sa Passion, le bois de la croix porté par des anges, la lance et la couronne d'épines. Plus proche de ses fidèles, il se veut le guide qui leur permet de franchir sans effroi le passage qui mène à la lumière. Mais aussi l'enseignant, le Beau Dieu d'Amiens, de Reims, de Chartres ou de Paris, idéal de l'homme éclairé par le savoir et l'intelligence, tenant dans sa main le livre des Évangiles, grand ordonnateur de l'autre livre, le livre d'images inscrit dans la pierre de la cathédrale.

[9] Roland Recht, *Le Croire et le Voir, L'art des cathédrales (XIIe-XVe siècles), op. cit.*

[10] Jacques Le Goff, *« La naissance du Purgatoire », in Un autre Moyen Âge, op. cit.*

> Sainte Marthe, tombeau de saint Lazare, **musée Rolin, Autun.**

2.1 Un christianisme funéraire

En un geste d'une infinie tristesse, Marthe couvre son visage d'un pan de son manteau. D'une infinie trivialité aussi, puisqu'elle se protège de l'odeur de putréfaction qui s'échappe de la sépulture de Lazare. Cette statue est l'une des trois qui ont survécu intégralement à la destruction du monumental reliquaire qui figurait dans la cathédrale d'Autun à l'époque romane. Situé derrière l'autel principal, haut d'environ 6 mètres, il enfermait les restes de saint Lazare dont le culte s'est développé dans la cité bourguignonne pour rivaliser avec celui rendu par Vézelay à Marie Madeleine, sa sœur. Les fidèles étaient invités à y pénétrer par le transept, et s'y déplaçaient à genoux, se courbant pour passer sous le tombeau du saint. À l'intérieur était figurée la résurrection de Lazare par le Christ : au centre, le sarcophage, surélevé ; à sa tête, les statues de Marie et Marthe, taillées dans le calcaire et rehaussées de polychromie ; à ses pieds, Pierre et André aux côtés du Christ. Le bras du Messie, levé en un geste d'une éloquence rare, et son visage, faits de marbre, ressortaient de façon théâtrale dans la pénombre du mausolée. Une extraordinaire mise en scène qui devait fortement impressionner les âmes.

Il y a, dans le christianisme de l'époque romane, une atmosphère sépulcrale qui a sans doute contribué à sa réputation d'art obscur. Les églises sont enracinées dans la terre par la crypte où reposent les reliques de leurs saints protecteurs. Dans ces sanctuaires souterrains, aux voûtes matricielles, se pressent en rangs serrés les pèlerins en un rituel qui rappelle les anciennes croyances de survie après la mort. Des croyances revitalisées, dans cette société de chevalerie, par l'importance du lignage et des aïeux. À cette époque se modifie le rituel chrétien des funérailles, où le cadavre est sacralisé avant d'être enseveli[11].

Mais ce sont surtout les monastères qui pratiquent l'art funéraire. Ils s'érigent sur un soubassement de tombeaux : ceux des princes qui viennent se faire ensevelir au sein même de l'église, des fidèles qui se pressent par milliers, comme l'attestent les actes, pour être inhumés au cimetière des laïcs. La prise en charge des défunts devient la fonction majeure de Cluny. Dans les années 1120, au moment de la splendeur du monastère, trois à quatre cents frères y vivent, mais on honore la mémoire de dix-huit mille âmes[12]. Le développement des absidioles, autels et chapelles rayonnantes des établissements clunisiens permettent de multiplier jour et nuit les messes privées. Et c'est Odilon, abbé de Cluny à partir de 994, qui institue dans son ordre, au lendemain de la Toussaint, la commémoration des morts, ensuite adoptée par toute l'Église.

---

[11] Georges Duby, *Le Temps des cathédrales, op. cit.*

---

[12] Dominique Iiona-Prat, *in* Georges Duby et Michel Laclotte (dir.), *Le Moyen Âge*, Seuil, 1995.

ROGERVS

< Les statues-colonnes du portail royal de Notre-Dame de Chartres, qui représentent des prophètes, des reines et des rois de l'Ancien Testament, sont surmontées d'une frise continue d'environ deux cents personnages. Ces figures apparaissent dans un environnement architectural fait de palais et de remparts qui symbolisent la Jérusalem céleste. La frise raconte, telles les séquences d'un film, la vie de Marie, la naissance, la mort et la résurrection de Jésus. On voit ici, de gauche à droite : la Cène, le disciple favori du Christ, Jean, reposant sur sa poitrine, et Judas assis devant la table ; l'arrestation du Christ, puis, contrairement à la chronologie des Évangiles, son entrée dans Jérusalem ; enfin, sa mise au tombeau.

Portail royal, baie de droite, ébrasement gauche, cathédrale Notre-Dame, Chartres.

2.2 La Jérusalem céleste

Baldaquins, colonnes, coupoles, palais et remparts s'étageant en une élégante dentelle de pierre : nombre de statues et de scènes sculptées aux portails des cathédrales sont surmontées de motifs architecturaux. Ce n'est pas un simple décor, mais l'un des symboles les plus forts de l'imaginaire médiéval, celui de la Jérusalem céleste[13].

Image du royaume du Christ dans l'au-delà, elle dérive de la Jérusalem terrestre, ville sainte des juifs et des chrétiens maintes fois mentionnée dans la Bible. Le thème apparaît au moment où les Juifs sont chassés de leur royaume par les Chaldéens, en 587 avant Jésus-Christ. Au cours de l'exil, le prophète Ézéchiel apprend que le temple construit par Salomon, celui dans lequel a été déposée l'arche d'Alliance, est détruit. Il a alors la vision d'une Jérusalem et d'un temple nouveaux qu'il décrit minutieusement. Mais il ne s'agit encore que d'une cité terrestre. À partir du Nouveau Testament, l'image évolue. Jean l'évangéliste exalte dans l'Apocalypse une ville qui descend de « chez Dieu » parée d'or pur et de pierres précieuses, de perles et de jaspe cristallin.

Très tôt, les édifices religieux, œuvres d'art bâties de la main de l'homme, tentent de concrétiser sur terre cette vision paradisiaque. Avec leurs coupoles ornées du Christ Pantocrator – mot grec qui signifie « tout-puissant » –, les premières églises byzantines évoquent déjà la sphère des cieux. Au XIIe siècle, alors que Jérusalem est interdite aux pèlerins qui viennent y chercher le pardon de leurs péchés, les croisades donnent au thème un élan extraordinaire. Les cathédrales gothiques sont portées par cet élan. Avec leurs élévations de 35 à 40 mètres, leurs flèches toujours plus aériennes, les parois translucides et polychromes de leurs verrières, elles deviennent tout entières des œuvres symboliques. Des sanctuaires qui, bâtis sur terre, gagnent le ciel.

Autour de sa grande cathédrale, Chartres se vit alors comme un équivalent de la Ville sainte. L'église Saint-Chéréon, où les chanoines se rendent en procession chaque dimanche des Rameaux, symbolise le mont des Oliviers. Tandis que l'abbaye Notre-Dame de Josaphat, à Lèves, où sont enterrés plusieurs évêques, évoque la vallée de Josaphat, près de Jérusalem.

13 Lire Anne Prache, *Chartres, Image de la Jérusalem céleste*, CNRS, 1993.

> Transept,
cathédrale Notre-Dame, Chartres.

2.3 *Fiat lux*

« La fonction de la lumière est la même dans l'église et dans la chanson courtoise : l'impalpable échelle de l'amour », écrivait Georges Duby. Manifestation visible de la présence divine – « Je suis la lumière du monde », dit le Christ –, elle est recherchée dès l'époque romane où l'on voit se voûter la nef principale des grandes églises, tandis que les constructeurs tentent de saisir un éclairage direct. Mais c'est à l'aube de l'époque gothique que se produisent les plus grands bouleversements architecturaux. Notamment avec un homme, Suger (1081-1151), abbé de Saint-Denis, la plus royale des abbayes.

Suger n'est pas l'inventeur du gothique comme on le dit parfois rapidement, mais il en trace la voie lumineuse. Son guide est Denys l'Aréopagite (Ve-VIe siècles), dont le monastère de Saint-Denis pense conserver les reliques. Ce personnage mystérieux, qui se donne lui-même pour un converti de saint Paul, est l'auteur de la plus importante construction mystique de la pensée chrétienne. Au cœur de l'œuvre de Denys, une idée forte : Dieu est lumière. Une lumière qui irrigue le monde et unit tous les êtres créés. Mais une lumière aussi qui, par un mouvement inverse, réfléchie par les choses visibles, remonte de degré en degré vers son foyer. Tout le travail de Suger, au moment où il rebâtit à partir de 1140 l'abside de l'abbatiale, sera de capter l'irradiation divine pour qu'elle se répande de façon ininterrompue dans l'édifice nouveau. Les reliques de saint Denis sortent de l'église souterraine pour s'élever dans un chœur illuminé par le soleil levant, un mouvement suivi ensuite par tous les édifices de la période gothique qui verra disparaître la crypte. Les murailles sont évidées, en exploitant les ressources de la croisée d'ogives, les niches rayonnantes des chapelles ouvertes au jour par de grandes baies, les murs de séparation remplacés par des piliers. Suger fait abattre le jubé qui, « aussi sombre qu'un mur », interrompt la belle unité de la nef. Face au chœur, à l'autre extrémité de l'édifice, une rose surmonte le porche, la première jamais dessinée à l'occident d'une église[14].

---

[14] Georges Duby,
Le Temps des cathédrales, op. cit.

> Au centre de la rose nord, offerte à la cathédrale de Chartres par la reine Blanche de Castille, apparaît la Vierge portant le Christ. Elle est entourée de quatre colombes et de huit anges, puis des douze rois d'Israël, ancêtres du Christ, figurés dans les panneaux carrés, et enfin des douze petits prophètes dans les demi-cercles extérieurs. Dessous, la lancette centrale figure la mère de Marie, sainte Anne. À l'extrême gauche, Melchisédech, prêtre-roi de l'Ancien Testament, piétine Nabuchodonosor qui personnifie l'idolâtrie. Puis vient David surmontant Saül, son adversaire, qui se suicide après sa défaite. À droite, Salomon se dresse au-dessus de Jéroboam, le roi fou et idolâtre ; à l'extrême droite, le grand prêtre Aaron porte le rameau fleuri que lui a donné Moïse, tandis que le pharaon qui le persécutait est désarçonné de son cheval et précipité dans la mer Rouge.

Façade nord du transept, Notre-Dame, Chartres.

La lumière que recherchent les mystiques médiévaux n'est pas cette lumière du jour que nous aimons aujourd'hui. Elle est aussi couleur. Déjà, les sanctuaires paléochrétiens la sublimaient par leurs mosaïques à fond d'or. Les églises byzantines du VIe siècle décorent leurs ouvertures de vitres colorées, inspirées de l'art des mosaïques. Mais l'art du vitrail est une invention de l'Église occidentale, peut-être même de l'Église de France. Apparu dès le haut Moyen Âge, il s'épanouit à partir du Xe siècle en baies historiées, dominées par le rouge, le bleu et l'or. Les faisceaux du soleil, captés dans leur course d'est en ouest, illuminent les couleurs fixées dans le verre, les métamorphosant au gré du temps, des heures et des saisons, transfigurent les fresques peintes sur les murs, les chatoiements moirés des tentures. Dans la nef et le chœur des édifices, la lumière palpite de tous les éclats des pierres précieuses qui ornent la Jérusalem céleste dans la vision de l'Apocalypse.

L'allègement toujours plus audacieux des murailles à l'époque gothique, l'inventivité de cette architecture qui fait triompher les vides sur les pleins trouve un aboutissement à la Sainte-Chapelle, consacrée en 1248, une châsse de 613 m^2 de vitraux, un piège arachnéen où viennent se prendre les rayons de l'astre.

« Les matériaux de ses remparts étaient de jaspe et la cité d'un or pur semblable au pur cristal
Les assises des remparts de la cité s'ornaient de pierres précieuses de toute sorte.
La première assise était de jaspe, la deuxième de saphir,
La troisième de calcédoine, la quatrième d'émeraude,
La cinquième de sardoine, la sixième de cornaline,
La septième de chrysolithe, la huitième de béryl,
La neuvième de topaze, la dixième de chrysoprase,
La onzième d'hyacinthe, la douzième d'améthyste.
Les douze portes étaient douze perles.
Chacune des portes était d'une seule perle.
Et la place de la cité était d'or pur comme un cristal limpide[15]. »

Apocalypse (21, 18-21)

[15] La Bible, traduction œcuménique.

< Notre-Dame de la Belle-Verrière, vitrail du XIIe siècle, cathédrale Notre-Dame, Chartres.

2.4 La Nouvelle Ève

L'image maternelle de Marie n'apparaît que tardivement dans l'art médiéval. À la période romane, elle est surtout figurée en majesté, à l'instar de son fils. Mais la femme, dans les milieux monastiques misogynes de l'époque, c'est d'abord Ève, la première pécheresse. Une créature aussi redoutable que le démon qui l'inspire. Dans l'art, il y a donc peu de place pour les figures féminines, autrement que tentatrices et coupables.

Le rôle de la mère de Jésus est, il est vrai, effacé dans les Évangiles où elle prend la parole à quatre reprises seulement. Son culte, apparu au IVe siècle, ne connaît un véritable essor qu'au XIe et surtout au XIIe siècle, soit plus d'un millénaire après les débuts du christianisme. Mais son image se fait alors de plus en plus présente. À Senlis, en 1190, un porche entier lui est consacré. Elle supplante peu à peu les martyrs et les confesseurs auxquels étaient dédiées les premières cathédrales.

Cette promotion dans l'art et la dévotion reste largement inexpliquée. Peut-être faut-il y voir une influence de l'intérêt grandissant des théologiens pour l'incarnation du Christ, Marie étant l'instrument de cette incarnation. Ou une influence de l'amour courtois qui exalte alors la femme dans les cours chevaleresques. Mais certains médiévistes pensent que c'est plutôt, au contraire, la promotion de la femme qui découle du culte marial. Depuis Byzance, où la légende dorée de la Vierge se pare d'anecdotes colorées et émouvantes, se développe toute une iconographie nouvelle, des thèmes tels ceux de la dormition – euphémisme pour la mort – et de la « résurrection » de Marie qui seront bientôt fidèlement déclinés dans la plupart des édifices.

Marie, devenue la Nouvelle Ève, l'Ève rédemptrice, accompagne le triomphe de l'Église, dont elle représente le corps rassemblé en une symbolique parfois complexe : lieu précis des noces mystiques entre l'âme et son créateur, à la fois mère de Jésus qui permet l'accomplissement des prophéties et épouse du Christ rédempteur. Comme son fils, elle s'humanise de plus en plus : simple trône sur lequel s'assoit Jésus à l'époque romane, support de l'image du Christ au même titre que la croix[16], elle apparaît, à la cathédrale d'Amiens, en svelte jeune fille qui contemple son enfant avec un gracieux sourire, un couple qui deviendra de plus en plus intime et expressif jusqu'aux *Mater dolorosa* du XVe siècle.

[16] Jean Wirth, *L'Image à l'époque romane, op. cit.*

< Melchisédech et Abraham en premier plan, puis Moïse, Samuel, David : rois, patriarches et prophètes de l'Ancien Testament sont des figures souvent représentées au portail des cathédrales. Familières au peuple, elles apparaissent dans les drames liturgiques, préfiguration de notre théâtre, qui se jouent dans les églises au moment des grandes fêtes religieuses.

**Portail nord, baie centrale,
cathédrale Notre-Dame, Chartres.**

Chapitre 3

Un livre d'images pour le peuple

« Et nous voyons des simples et des idiots qu'on a de la peine à mener par les mots à croire les faits, être à ce point touchés par la peinture de la Passion du Seigneur ou d'autres choses admirables, que, comme l'attestent leurs larmes, les images extérieures s'impriment comme des lettres dans leurs cœurs. »

Walafrid Strabon (808 env.-849).

Elle est assise sur un trône, le dos droit, les bras levés avec raideur, corps rigide, visage étrangement figé, énigmatique. Couverte, de la tête aux pieds, d'or et de gemmes. Rutilante telle une idole païenne. Lorsqu'il l'aperçoit pour la première fois, dans l'abbaye de Conques, Bernard d'Angers ne peut même pas tomber à genoux tant la foule des pèlerins se presse. Et raconte-t-il, « en la voyant [...], tout en or, étincelant de pierres précieuses et ressemblant à une figure humaine, il parut à la plupart des paysans qui la contemplaient que la statue les regardait d'une manière vivante et qu'elle exauçait de ses yeux leurs prières ».

À la fois effigie et reliquaire, car elle contient le crâne de la martyre protectrice du monastère, la statue de sainte Foy est un résumé frappant du rapport difficile, et parfois ambigu, qu'entretient l'Église avec les images depuis les premiers temps. Dans ses chroniques rédigées vers 1010, Bernard d'Angers est le témoin privilégié, et engagé, de ces contradictions. Lui, le clerc, maître des écoles épiscopales de sa ville, nourri de culture classique, ne voit que superstitions, vestiges d'adoration, de rites rendus à d'anciens dieux – ou démons... – dans ces figures anthropomorphes que vénèrent les paysans d'Auvergne, de Rodez ou de Toulouse. Mais à Conques, devant la dévotion populaire, il se voit obligé de confesser que les pèlerins ne s'adressent pas à la statue comme à une idole, à qui l'on offre des sacrifices, mais qu'ils l'honorent en souvenir de la martyre, « au nom du Dieu Tout-Puissant ».

C'est bien pour capter la religiosité du peuple que l'Église chrétienne accepte de composer avec les images. L'art médiéval mettra longtemps à s'affranchir du vieux tabou juif qui interdit de figurer Dieu. Dans la peinture ou les mosaïques paléochrétiennes, qu'il soit le Père ou le Fils, il est souvent représenté par une série de symboles qui continueront d'imprimer leur marque dans les esprits et l'iconographie jusqu'à la fin de l'époque gothique :

pages suivantes

v La vie de Marie offre aux sculpteurs des scènes émouvantes, propres à toucher le cœur des fidèles. Ces scènes ne viennent pas des Évangiles, assez discrets en ce qui concerne la mère de Jésus, mais sont inspirées par des textes apocryphes et la légende dorée de la Vierge développée et embellie à Byzance. L'un des épisodes préférés des artistes, qui figure au tympan de nombreuses cathédrales, est la dormition de Marie, euphémisme pour sa mort, et sa résurrection. Entourée de Jésus, qui la bénit, et de ses disciples, elle est délicatement soulevée dans un drap par les anges qui l'emportent, au troisième jour, vers le Ciel.

Portail du couronnement de la Vierge, cathédrale Notre-Dame, Paris.

main surgie du Ciel, sortant d'un nuage, agneau portant la croix en rappel du sacrifice, moulin ou pressoir mystiques, poisson, vigne ou encore phénix, image de la Résurrection.

Mais dès le haut Moyen Âge, des voix s'élèvent chez les lettrés les plus éminents : à force de vouloir être savante et subtile en un temps qui ne l'est guère, l'Église risque de perdre, ou de ne jamais gagner, ses fidèles. Ces hommes qui puisent leur culture chez les auteurs antiques font preuve d'une incroyable modernité. « Puisque les ignorants et les simples ne peuvent s'élever à la hauteur des lettrés, exhorte Césaire d'Arles (470/71-543), que les lettrés daignent s'abaisser à leur ignorance. » Saint Augustin (mort en 430), l'un des Pères de l'Église, ne dit rien d'autre lorsqu'il clame : il vaut mieux « se voir reprendre par les grammairiens plutôt que d'être incompris par le peuple ».

C'est au nom de cet utilitarisme que l'image se fraie peu à peu un chemin licite chez les théologiens. Pour la justifier, ils recourent à la Bible elle-même. Dans un texte fondamental, *De Templo Salomonis*, Bède le Vénérable (673-735) développe ainsi une habile argumentation qui sera reprise durant tout le Moyen Âge[1]. Il commence par réfuter les rigoristes qui se servent des commandements du Décalogue pour interdire les représentations dans les églises. Parmi les premiers termes de l'Alliance conclue entre Dieu et son peuple figurent en effet ces paroles : « Tu ne feras pas d'idole, ni rien qui ait la forme de ce qui se trouve au ciel là-haut, sur terre ici-bas ou dans les eaux sous la terre » (Exode 20, 4). Mais, rappelle Bède, Salomon fit orner l'intérieur de son temple de palmes, de chérubins, la mer d'airain de douze bœufs et de reliefs historiés, les bases des bassins de lions, d'essieux et de roues. Moïse lui-même n'éleva-t-il pas dans le désert le serpent d'airain pour que sa vue sauve son peuple de la morsure des serpents ? Peindre le Christ en croix, figurer les douze Apôtres, les vies des saints et des martyrs, c'est offrir aux illettrés une lecture vivante de l'histoire du Christ. La Loi n'interdit pas les images, elle interdit seulement de les adorer.

Les théologiens de Byzance, tel Jean Damascène, iront plus loin encore. En se faisant homme, disent-ils, Dieu a sanctifié la chair ainsi que la matière : il a lui-même brisé l'interdit de la représentation.

L'époque carolingienne résiste longuement à ces arguments. Mais la sévérité qu'elle a imprimée à l'art médiéval va peu à peu s'éroder. En 787, le IIe Concile de Nicée accomplit un pas décisif, affirmant que le fidèle qui se prosterne devant une icône se prosterne en réalité devant l'hypostase, la personne inscrite dans cette icône. En 1025, le synode d'Arras justifie définitivement la vénération des images, non en tant qu'objets fabriqués de la main de l'homme, mais parce qu'elles suscitent un « mouvement intérieur » : « Ce que les simples

[1] Sur les évolutions de l'iconographie depuis le haut Moyen Âge, lire le passionnant ouvrage de Jean Wirth, *L'Image à l'époque romane, op. cit.*

dans l'église et les illettrés ne peuvent voir par le moyen des Écritures, qu'ils le contemplent par le moyen des lignes de la peinture. »

L'art suivra ce long et sinueux cheminement des idées pour sortir peu à peu de la clandestinité. Les grandes bibles de l'époque carolingienne s'ornent peu à peu d'enluminures. Les reliquaires, qui sont d'abord de simples châsses ou des coffrets, deviennent ronde-bosse, prennent la forme de leur contenant : le membre-reliquaire apparaît avec la main de saint Denis vers la fin du VIIIe siècle. Puis ce sont les bustes-reliquaires et enfin les statues, telle celle de sainte Foy. Ainsi est peu à peu réintroduit, de façon détournée, le culte des images[2]. Dès le XIe siècle, les statues ne contiennent plus forcément de débris sacrés. Et les figures taillées dans l'ivoire ou coulées dans les métaux précieux quittent l'entourage de l'autel où elles restaient confinées pour s'exposer en plein air, au portail des églises et des cathédrales.

Il serait bien hasardeux de nommer l'initiateur de cette sculpture publique, qui emprunte beaucoup à l'esthétique antique. Georges Duby le pense originaire de Saxe, au cœur de la renaissance impériale[3]. En 1015, Bernward, évêque de Hildesheim, un homme d'études, chargé de l'instruction du fils de l'empereur, fait fondre deux portes de bronze pour son église. Pour la première fois, ces bronzes sont remplis d'images. Seize scènes juxtaposées qui englobent toute l'histoire de l'humanité chrétienne : à gauche, les figures de l'Ancien Testament depuis la création du monde jusqu'au meurtre d'Abel ; à droite, les figures de l'Évangile depuis l'Annonciation jusqu'à la résurrection du Christ. Chute et rédemption. Cette statuaire monumentale, imitée en Rhénanie et dans les pays mosans, a peut-être inspiré la grande sculpture promue par l'ordre de Cluny. Suger (1081-1151), l'abbé de Saint-Denis, lui donne un nouvel élan, vers 1130, lorsqu'il décide d'élever un vaste porche à l'entrée de la vieille basilique. Il reprend le programme décoratif du Jugement dernier qui s'est répandu depuis les débuts de l'an mil. Mais il l'amplifie, fait sculpter les ancêtres de Jésus dans les colonnes qui encadrent le portail, des scènes de la Passion et de l'Ascension dans le bronze des portes. « La noble clarté de l'ouvrage, écrit-il, est là pour éclairer les esprits et les conduire par de vraies lumières à la vraie lumière dont le Christ est la vraie porte. » Car « ce qui n'est que matière suscite vers le vrai l'esprit obtus ».

À partir de 1140, la sculpture s'étend sur toute la façade des églises. Au triple vaisseau intérieur répond bientôt un triple portail, et une triple division extérieure. L'artiste voit se multiplier le nombre de cadres disponibles pour son œuvre. Des statues-colonnes s'installent dans l'ébrasement des portails, les façades offrent au ciseau du sculpteur leurs piédroits, voussures, tympans, trumeaux, niches dans les contreforts, arcades hautes, sans compter les

[2] *Ibid.*

[3] Georges Duby, *Le Temps des cathédrales, op. cit.*

> Dans la scène du Jugement dernier présentée au portail royal de Chartres, les Apôtres jouent le rôle de juges assesseurs.

Portail royal, de la baie centrale, cathédrale Notre-Dame, Chartres.

corniches, gargouilles, chapiteaux et pinacles. De quoi composer une vaste scénographie où la disposition et le jeu des scènes et des figures isolées évoquent les pages des ouvrages enluminés.

La cathédrale est bien devenue un livre d'images, le lieu d'une vaste prédication muette qui raconte l'histoire du monde et de l'humanité à travers celle des élus. Une prédication de plus en plus codifiée, où les moins instruits des fidèles retrouvent, d'une église à l'autre, les mêmes scènes et les mêmes formules iconographiques. Dans l'Ancien Testament, la Genèse est une source inépuisable d'inspiration, ainsi que le livre des Psaumes. Quelques épisodes connus sont déclinés à l'envi, l'histoire du bon Samaritain ou de Noé, celle de Joseph. Les statues des portails revêtent la dignité des grandes figures de l'ancienne Loi, rois, patriarches, et surtout prophètes. Des personnages familiers au peuple, car chaque année, à Noël ou l'Épiphanie, les mystères – ces pièces liturgiques qui sont la préfiguration de notre théâtre – les mettent en scène, vêtus de longues robes blanches, défilant en procession jusqu'au sein de la cathédrale où ils viennent, à l'appel de leur nom, réciter un verset du Livre[4].

Dans le Nouveau Testament, les artistes s'inspirent toujours des mêmes cycles, en nombre limité. Peu de miracles dans l'art médiéval, alors qu'ils étaient très présents dans celui des catacombes. Ne sont pas non plus représentés la prédication de Jésus, son enseignement dans le Temple, son repas chez le pharisien, autant de scènes vivantes qui auraient pu inspirer les artistes. L'Église choisit de figurer essentiellement les grands moments de l'enfance et de la Passion du Christ, et quelques épisodes de sa vie publique, les noces de Cana, la Tentation et la Transfiguration. Précisément, fait remarquer Émile Mâle, ceux que connaît si bien le peuple pour les célébrer au temps de Noël, de l'Épiphanie, du Carême et pendant la Semaine sainte[5]. Afin d'illustrer certains de ces épisodes, sur lesquels le Nouveau Testament est disert, les imagiers puisent largement dans les évangiles apocryphes, des textes écrits aux premiers temps du christianisme au sein des sectes hérétiques et schismatiques ou par des auteurs qui cherchent à densifier les récits canoniques. L'Église les a rejetés, mais ils exercent une grande influence sur la piété populaire. Ils l'alimentent de scènes pittoresques, émouvantes ou frappantes pour l'imagination, tels, dans le cycle de la Nativité, l'histoire de l'âne et du bœuf ou le massacre des Innocents, développé en plusieurs épisodes.

Les derniers éléments du décor, et non les moindres, sont fournis par la vie des saints, particulièrement les saints locaux. Ils tiennent souvent, dans les cathédrales, la première place après les Apôtres ; à Amiens, tout un portail est consacré à la vie de Firmin, obscur évêque de la ville. Le fidèle entretient avec eux un rapport très direct. Depuis son baptême, où il

---
[4] Émile Mâle, *L'Art religieux du XIII*[e] *siècle en France, op. cit.*

[5] *Ibid.*

> Une scène de visitation empreinte de tendresse.

Portail royal, linteau de la baie de droite, cathédrale Notre-Dame, Chartres.

reçoit le nom d'un éminent évêque ou martyr local, jusqu'à la corporation où il exerce son métier et qui est, elle-même, sous la protection d'un saint patron, depuis le conseil de fabrique de sa paroisse jusqu'aux processions où, autour des châsses contenant les reliques, se jouent les mystères, il est pris dans un système de relations denses avec un nombre incalculable de saints[6]. L'homme médiéval les mêle à toutes ses pensées, à tous ses actes, il en attend guérison, miracle, salut, il rythme l'année de leur nom. Les saints sont les meilleurs intercesseurs de l'Église auprès du peuple.

Ainsi guidé par l'exemple des martyrs, frappé par les images terribles du Jugement dernier, ému par les scènes de la Passion qui montrent combien le Christ a souffert sur terre pour sauver l'âme des pécheurs, l'homme médiéval est saisi, capturé, dans un réseau d'images d'une grande efficacité. À l'intérieur de l'église, les vitraux, composés à la manière d'une leçon, reprennent l'enseignement donné par le porche.

L'enjeu est important pour l'Église. À partir du XIIe et surtout du XIIIe siècle, il ne s'agit plus seulement d'enseigner aux fidèles, mais de lutter contre les hérésies. Les textes laissés par les Cisterciens, à la pointe du combat contre les groupes religieux dissidents, ou encore l'Inquisition, créée au XIIe siècle, nous ont transmis l'image d'une Chrétienté alors assiégée de toutes parts par le Mal. La réalité est sans doute quelque peu différente. Que ce soient les cathares, les albigeois, les « spirituels », les béguins et béguines, ces groupes naissent souvent à l'intérieur de l'institution et s'appuient sur les textes bibliques. Leur modèle de vie, c'est la pauvreté et la pureté apostolique. La haine du corps, la pratique forcenée de l'ascèse que prônent les cathares ne sont pas si loin des pratiques de certains religieux, notamment dans les milieux monastiques.

Menaçants pour le dogme, ces mouvements le sont peut-être. Ils réclament un rapport plus personnel, plus direct, avec la Bible et Dieu, sans l'imperméable intercession des prêtres. Mais les hérétiques semblent surtout le produit de l'Église elle-même, dont l'unification et le renforcement, après la réforme dite grégorienne, ne laissent aucun espace aux marginalités. Devenue totalitaire, elle cherche des boucs émissaires, crée la peur pour justifier un pouvoir de plus en plus centralisateur, hiérarchisé et complexe, sous l'autorité pontificale. C'est à cette époque que s'établit dans les campagnes un strict quadrillage des vies et des consciences[7]. Au XIIIe siècle, les paroisses sont déjà bien constituées. Chaque habitant y est strictement attaché de sa naissance à sa mort, obligé, depuis le IVe Concile du Latran, en 1215, de communier et de se confesser au moins une fois l'an, subjugué par le pouvoir mystérieux des sacrements qui l'accompagnent désormais à chaque étape de sa vie. Baptême,

---

[6] Roland Recht,
Le Croire et le Voir, L'art des cathédrales, (XIIe-XVe siècles), op. cit.

---

[7] Georges Duby,
Le Temps des cathédrales, op. cit.

< La vie des saints alimente l'iconographie des cathédrales en tableaux pittoresques qui frappent l'imagination. Au portail sud de Notre-Dame de Chartres, la baie de gauche est entièrement consacrée aux martyrs, celle de droite aux confesseurs. Les différents épisodes de leur vie donnent aux fidèles des exemples de bonne action et de charité et leur montrent le chemin du paradis. Ici, saint Martin bénit un homme qui vient de le violenter, tandis que saint Lubin administre l'extrême-onction.

Portail sud, baie de droite, cathédrale Notre-Dame, Chartres.

confirmation, mariage, extrême-onction, le clergé s'est approprié toutes les cérémonies d'« initiation » de l'existence jusqu'à l'adoubement des chevaliers. Tandis que l'évêque exerce les fonctions de juge, chargé de poursuivre tout manquement au dogme, le curé du village – dépeint sous les traits d'un tyran local par bien des fabliaux – surveille les ouailles.

Coercition, Inquisition – à la Noël 1022, le premier bûcher de l'histoire de l'hérésie en Occident s'allume à Orléans pour dix clercs du chapitre de la cathédrale –, mais aussi, toujours et encore, séduction. La papauté a compris la nécessité d'un retour à des pratiques proches de celles des premiers Apôtres, à plus de simplicité, de parole et de vérité dans un monde où le réveil de l'économie urbaine révèle la pauvreté et l'injustice, mais aussi les jouissances terrestres. Elle s'appuie sur de nouvelles communautés religieuses, les Dominicains, dont l'ordre est fondé en 1215, et les Franciscains, dont la règle définitive est approuvée par le pape Honorius en 1223. Ces frères mendiants, qui professent le dénuement, canalisent les désirs et frustrations portés par l'hérésie. Ils s'installent au cœur des masses urbaines, offrent leur vie quotidienne en exemple sur les places et dans les rues de la ville, emploient la langue de tous les jours, s'efforcent au concret, à l'image frappante. Saint François d'Assise n'hésite pas, pour rendre plus accessible son message évangélique, à recourir au burlesque, imitant, par exemple, le bêlement de l'agneau lorsqu'il prononce le nom de Bethléem. C'est la grande renaissance de la prédication à coups d'anecdotes stéréotypées, de proverbes, d'*exempla*, récits brefs donnés comme véridiques, repris inlassablement par les orateurs, schémas simplistes sur lesquels ils improvisent, donnent de la voix, gesticulent.

Ces prêcheurs fournissent de nouveaux thèmes à l'iconographie de la cathédrale, que Georges Duby n'hésite pas à qualifier, en ces temps, de « pièce maîtresse d'un système d'enseignement et de coercition destiné à réaliser enfin l'unanimité du peuple fidèle[8] ». À la façade des églises, les vices et les vertus se rangent en bon ordre pour offrir aux prédicateurs l'illustration de leurs enseignements. L'art, au lieu d'effrayer comme à la période romane, veut enseigner. Il était manichéen, il devient moral, voire moralisateur. Jusqu'à parfois s'affadir. La représentation attendrie de la nature et des animaux, qui remplace à la période gothique les bestiaires infernaux de l'an mil, trouve son écho dans l'amour des

---

[8] Georges Duby, *Art et société au Moyen Âge*, Seuil, 1997.

> À l'époque gothique, les vices et les vertus ne sont plus figurés deux à deux, en une attitude de combat. Chacun expose séparément ses emblèmes : la Foi portant un calice, le Désespoir se précipitant sur une épée, l'Avarice cachant son argent dans une cassette, l'Orgueil jeté à terre par sa monture, la Lâcheté s'enfuyant devant un lapin... La Douceur est, en bas, symbolisée par une femme qui porte un agneau sur son écu.

Portail sud, baie centrale, cathédrale Notre-Dame, Chartres.

créatures terrestres professé par François d'Assise, notamment avec son fameux « Cantique du frère Soleil ». La réhabilitation de la matière, l'attention portée aux cycles de la Passion, à l'incarnation du Christ sont une réponse directe aux cathares qui rejettent le monde et nient que Jésus ait pu revêtir un corps charnel.

Le christianisme devient alors une religion de la visibilité, comme l'a si remarquablement montré Roland Recht[9]. Voir pour croire. Le peuple réclame l'élévation de l'hostie au moment de la consécration. Dès le début du XIIIe, le geste est attesté. Les liturgistes prennent même soin d'élaborer une série très précise de prescriptions pour que l'Eucharistie soit bien visible : il faut allumer les cierges, ouvrir les portes du chœur ou du jubé, éviter une trop grande quantité de fumée d'encens, utiliser des rideaux de couleur pour que s'y détache l'hostie blanche. Les reliques, jusque-là cachées dans l'écrin clos des châsses ou des statues, font également l'objet d'une monstrance dans des écrins qui revêtent des parois translucides. L'emploi du cristal de roche permet un grossissement optique de fragments minuscules et informes.

Les pratiques religieuses, elles aussi, se théâtralisent de plus en plus. Les sermons s'animent de pantomimes, les drames liturgiques se développent, animés d'un réalisme et d'une intensité toujours plus poignants. En Italie, en Allemagne, en Europe centrale, on a ainsi découvert des statues du Christ à bras et tête articulés qui permettaient de mimer, le vendredi saint, la déposition de la Croix et la mise au tombeau dans une ambiance saisissante créée par les chants, la lueur des bougies et la présence d'acteurs grimés[10]. Les mystères, joués en langue vernaculaire sur une estrade dressée dans la nef même, mettent en œuvre une machinerie incroyablement sophistiquée. Le jour de la Pentecôte, il est d'usage de jeter depuis le haut des voûtes de la cathédrale des pluies de fleurs, voire des étoupes enflammées qui symbolisent l'Esprit saint. Des anges volent près de voûtes, une colombe dans le chœur[11]. Avec toujours le même objectif, si joliment avoué par l'abbesse d'un couvent anglais, d' « extirper l'indolence » d'un peuple dont la dévotion se refroidit.

Cette recherche de visibilité, cette accentuation des effets, modèle, selon Roland Recht, les cathédrales elles-mêmes. L'architecture entre dans une phase nouvelle qui ne destine plus seulement l'édifice à Dieu, mais prend en compte la position du regard humain[12]. L'introduction systématique de voûtes sur croisée d'ogives, et par là même de travées régulières, n'est pas

[9] Roland Recht, *Le Croire et le Voir, L'art des cathédrales (XIIe-XVe siècles), op. cit.*

[10] *Ibid.*

[11] Jacques Heers, *Fête des fous et carnavals*, Fayard, 1983

[12] Roland Recht, *Le Croire et le Voir, L'art des cathédrales (XIIe-XVe siècles), op. cit.*

^ La cathédrale de Rouen abrite les sépultures de nombreux archevêques et ducs de Normandie. La statuaire funéraire y est particulièrement représentative de l'évolution du portrait dans l'art religieux au cours de Moyen Âge. D'une extraordinaire richesse et exubérance, le tombeau des cardinaux Georges Ier et Georges II d'Amboise, sculpté à partir des années 1515, témoigne des nouvelles tendances du gothique venues d'Italie. Les deux archevêques sont représentés agenouillés. Georges Ier montre une face empreinte de noblesse et de recueillement. Georges II, son neveu et successeur, fit reprendre son visage quelque temps avant sa mort pour qu'il soit plus conforme à son âge mûr et à sa nouvelle dignité de cardinal.

Tombeau des cardinaux Georges Ier et Georges II d'Amboise, mur sud de la chapelle de la Vierge, cathédrale Notre-Dame, Rouen.

^ Lors de la consécration de la cathédrale de Rouen en 1063, les corps de Rollon, premier duc de la province, et de son fils Guillaume Longue-Épée sont transférés dans la nouvelle église. Le tombeau de Guillaume Longue-Épée a été renouvelé au XIVe siècle : son gisant offre un visage vieillissant, aux rides profondes, d'un grand réalisme, qui s'oppose à l'idéalisation et au hiératisme des statues plus anciennes. Ses yeux grands ouverts disent son espérance du salut dans l'au-delà.

Tombeau de Guillaume Longue-Épée, déambulatoire, côté nord,
cathédrale Notre-Dame, Rouen.

> À partir de 1514, le chœur de la cathédrale de Chartres est fermé d'une clôture de pierre de sept mètres de haut et quatre-vingt-dix mètres de long qui isole et protège l'autel et les lieux les plus sacrés de l'église. Elle remplace sans doute une première clôture de bois polychrome qui existait au XIVe siècle. Les niches sont décorées, entre le XVIe et le début du XVIIIe siècle, de personnages sculptés représentant la vie du Christ et de la Vierge. Répartis en quarante scènes, ils composent de véritables petits tableaux, d'une grande précision naturaliste, où chaque figurant est saisi, comme au théâtre, en plein mouvement. Une bande dessinée en trois dimensions pour les pèlerins qui circulent dans le déambulatoire.

Clôture du chœur,
cathédrale Notre-Dame, Chartres.

seulement un progrès technique de taille. Elle guide de façon décisive le regard vers le chœur, point de convergence du dispositif spatial. Un regard capturé par le rythme des piles de la nef, comme à Chartres où alternent sections octogonales et circulaires.

Par sa dimension monumentale, et sa corporéité, son mimétisme avec l'homme, la statuaire impressionne, elle aussi, d'autant plus intensément le regard[13]. Elle agit contre l'ignorance, l'inertie des sentiments. Et contre la faiblesse de la mémoire. Dans la mise en scène de la sculpture, il y a quelque chose qui ne tient pas seulement de la lecture, mais aussi de l'exercice mnémotechnique tel qu'il était pratiqué au Moyen Âge et à l'époque antique. Pour se souvenir, disaient Platon ou Aristote, il faut avoir recours à deux données : l'image et le lieu. Pour se souvenir, recommande saint Thomas, il faut chercher des figurations inhabituelles, les disposer de façon que l'on puisse passer facilement de l'une à l'autre, choisir des objets qui touchent l'affect, et répéter sans cesse la chose mémorisée. Les façades des cathédrales, avec leurs figures frappantes et émouvantes, leurs éternelles variations sur les mêmes scènes et motifs, leur sens de l'espace et de l'ordre, de l'échelle et du relief, la lisibilité de leur statuaire, mise en valeur par le creux obscur des niches, sont un vaste livre d'enseignement et de mémoire.

---

[13] *Ibid.*

< Les apôtres sont souvent figurés pieds nus, comme le Christ, car comme lui, ils sont porteurs de bonnes nouvelles. Ils écrasent ceux qui les ont persécutés, pour la plupart des empereurs romains, sculptés sur les consoles.

Les pieds de saint Barthélemy, portail sud, baie centrale, dite des « Apôtres », cathédrale Notre-Dame, Chartres.

3.1 Attributs et emblèmes

« La cathédrale, écrit Émile Mâle, eût mérité d'être appelée de ce nom touchant qui fut donné par les imprimeurs du XVe siècle à un de leurs premiers livres : "la Bible des pauvres"[14]. » L'art du Moyen Âge est d'abord une écriture sacrée, avec ses codes et ses caractères qui se lisent un peu à la manière des hiéroglyphes égyptiens. Un nimbe circulaire derrière la tête : c'est la sainteté ; si le nimbe est timbré d'une croix : la divinité ; plusieurs lignes concentriques, sinueuses et dentelées : voici le ciel ; si les lignes sont parallèles, elles figurent l'eau, les fleuves et la mer ; une tige surmontée de quelques feuilles : la scène se passe sur terre. Certains attributs permettent par ailleurs de reconnaître les grands types de personnages : les prophètes portent le bonnet conique des Juifs et les phylactères sur lesquels sont inscrits quelques versets de leurs livres ; les Apôtres ont les pieds nus, de même que tous les annonciateurs de bonnes nouvelles, les anges et le Christ lui-même, en vertu d'une phrase d'Isaïe : « Bénis soient les pieds de ceux qui portent les bonnes nouvelles » ; la palme et la couronne sont propres aux martyrs ; le livre, l'emblème des évangélistes et des docteurs de l'Église ; la mitre coiffe les papes et certains évêques.

Mais avec la multiplication des personnages à la façade des églises, ces attributs génériques ne suffisent bientôt plus. On voit alors émerger des emblèmes individuels qui permettent de les différencier. Cela peut être des traits physiques remarquables : Paul est ainsi figuré chauve tel que le décrit Onésiphore dans son ouvrage apocryphe *Les Actes de Paul et de Thècle* ; ça peut être un vêtement : le manteau rudimentaire fait de poils de chèvre ou de chameau que porte Jean Baptiste ; un animal : Agnès tenant un agneau, en un jeu de mots sur leurs deux noms, tel que les aime le Moyen Âge ; cela peut être enfin un objet : les clés des paradis céleste et terrestre de Pierre, l'équerre de saint Thomas, évocation du palais qu'il devait bâtir en Inde pour le légendaire roi Gondoforus. De plus en plus souvent aussi, les saints sont représentés avec l'instrument de leur supplice : Jean Baptiste, au portail nord de la cathédrale de Chartres, tient dans ses mains l'épée par laquelle Hérode Antipas fit procéder à sa décollation ; André, au portail sud, la croix en « X » sur laquelle il fut crucifié, Jacques le Mineur, le bâton de son martyre.

En un registre supplémentaire, les artistes disposent sous les pieds des personnages un dernier signe de reconnaissance, personnage ou animal avec lequel ils entretiennent un rapport étroit : c'est ainsi que les Apôtres foulent au pied les rois qui les ont persécutés, qu'Abraham se tient debout sur le bélier qu'il sacrifie à la place de son fils et Balaam sur son ânesse.

[14] Émile Mâle, *L'Art religieux du XIIIe siècle en France*, *op. cit.*

Selon Michel Pastoureau[15], cette multiplication des attributs iconographiques correspond à la prolifération des emblèmes dans la société de l'époque. Après la disparition de l'Empire carolingien, le nouvel ordre social qui s'instaure au XIIe siècle se construit de façon hiérarchisée, chaque individu placé dans un groupe social qu'il convient d'affirmer et de souligner par toute sorte de signes, notamment des accessoires vestimentaires. C'est aussi à l'époque qu'apparaissent les noms de famille, ainsi que les armoiries, proches, dans leur façon de désigner un personnage ou une famille par une image, des emblèmes des saints.

> Auteur de la prophétie de l'arbre de Jessé, Isaïe se reconnaît à la tige feuillue qu'il tient dans les mains et dont ne subsiste ici que l'extrémité. À sa droite, Jérémie porte une croix sur son sein en tant que prophète de la Passion du Christ.

Portail nord, baie centrale,
cathédrale Notre-Dame, Chartres.

page 86

v Pierre est figuré debout sur un rocher, en rappel du nom que lui a donné le Christ : « Sur cette pierre je bâtirai mon Église ». Il porte généralement les clés du paradis céleste – clef d'or – et terrestre – clé d'argent. Pour manifester son humilité devant le sacrifice du Christ, il demanda à être sacrifié tête en bas. Il tient donc dans les mains la croix (ici cassée) de son martyre.

Portail sud, baie centrale,
cathédrale Notre-Dame, Chartres.

page 87 de gauche à droite.

v Paul : il est représenté chauve, tel que le décrit Onésiphore dans son ouvrage apocryphe *Les Actes de Paul et de Thècle* : « Plutôt de petite taille, chauve, jambes arquées, sourcils qui se touchaient, avec un grand nez rouge et busqué. » Paul mourut mystérieusement décapité en Italie et porte l'épée de son martyre.

Jean : jeune frère de Jacques le Majeur, il a échappé au supplice et à la luxure ; il est représenté imberbe, tenant un évangile et une palme, symbole de chasteté et de gloire.

Jacques le Majeur : il porte l'épée de son martyre car, en tant que citoyen romain, il fut décapité et non crucifié. Il est aussi figuré avec son emblème, la coquille Saint-Jacques, puisque ses reliques se trouveraient à Compostelle.

Jacques le Mineur : parfois assimilé à Jacques, « frère » de Jésus, chef de la communauté chrétienne de Jérusalem, il fut précipité du Temple par les Juifs, puis lapidé. Son attribut est le foulon avec lequel on l'acheva en lui fracassant le crâne.

Portail sud, baie centrale,
cathédrale Notre-Dame, Chartres.

page 88

v Sous les pieds d'Abraham, le bélier qu'il va sacrifier à la place de son fils.

page 89

v Dans les mains de Samuel, l'agneau pascal qu'il va égorger.

Portail nord, baie centrale,
cathédrale Notre-Dame, Chartres.

[15] Michel Pastoureau, *Figures romanes, op. cit.*

< Les Jugements derniers déclinent tous, avec quelques variantes, les mêmes scènes. Après la résurrection des morts, que l'on voit sortir de leurs tombeaux, les défunts sont conduits à l'archange saint Michel qui opère la pesée des âmes, contrarié par Satan qui tente de faire pencher la balance de son côté (à gauche). Puis les élus, sereins et vêtus, sont conduits au paradis, tandis que les damnés sont poussés dans la gueule de l'Enfer. Les sculpteurs montrent une incroyable inventivité pour décrire les supplices qu'ils y endurent. Personne n'y échappe, ni roi, ni évêque, comme le montre l'image des pages suivantes.
Ces voussures, sculptées vers les années 1240 au portail du Jugement dernier, à Notre-Dame de Paris, sont d'une incroyable audace : crudité, entremêlement des corps nus, goût des ombres sont la marque d'un esprit novateur.

Voussures, portail du Jugement dernier, cathédrale Notre-Dame, Paris.

3.2 Les damnés et les élus

D'un côté Dieu, de l'autre le Diable. À droite les élus, à gauche les damnés. Droite, gauche, l'une des symboliques fortes du Moyen Âge. Droite, place de ceux que l'on honore, de ceux qui ont souffert pour le nom du Christ, place qu'occupe saint Pierre, premier en dignité, lorsque Jésus figure au milieu de ses Apôtres. Gauche, senestre, sinistre, côté du mal et du malheur.

Le Jugement dernier, permanent dans l'iconographie des portails depuis le XIe siècle, est la projection visuelle d'une constante profonde de la mentalité médiévale : le manichéisme. L'humanité rejouant à l'infini la dernière scène de son existence entre Satan et saint Michel qui se disputent son âme. Alors que l'idée du purgatoire, lieu et temps intermédiaires où l'homme peut racheter ses fautes, s'installe peu à peu à l'aube du XIIIe siècle, il n'apparaît dans l'imagerie que beaucoup plus tard. « Cette image (de jugement) sur laquelle se clôt la vie de l'homme médiéval souligne la passivité de son existence. Elle est la plus haute expression et la plus saisissante de son aliénation[16]. »

Aux XIe-XIIe siècles, les péchés sont peu individualisés. Mais à l'époque gothique, époque dogmatique, les scènes s'ordonnent avec une admirable clarté. On commence à représenter, avec tous leurs attributs, les sept péchés capitaux. Parmi les thèmes destinés à susciter l'effroi chez les fidèles figure parfois la profanation de l'hostie. Le sacrement de l'Eucharistie est alors l'une des sources les plus mystérieuses du pouvoir de l'Église. Un acte terrifiant, sacrilège dans tout autre contexte, puisqu'il s'agit de manger la chair de son Dieu[17]. Cet aspect réaliste, un peu oublié aujourd'hui, est cultivé par les clercs à partir du XIe siècle. En 1059, Béranger de Tours est ainsi condamné par Rome pour avoir nié la présence réelle du Christ dans l'hostie ; il se voit obligé de confesser que le Corps saint est vraiment

[16] Jacques le Goff, *La Civilisation de l'Occident médiéval, op. cit.*

[17] Sur les débats médiévaux autour du sacrement de l'Eucharistie, lire Jean Wirth, *L'Image à l'époque romane, op. cit.*

déchiré par les dents du fidèle. Les traités savants vont jusqu'à discuter des conséquences sur le corps du Christ de sa digestion et de sa défécation. Et les animaux, souris et autres rongeurs, qui auront grignoté une hostie se verront condamnés au bûcher.

Ce réalisme eucharistique légitime l'efficacité croissante que l'on prête au sacrement. Mais surtout, il est un premier jugement sur terre, avant la comparution devant le tribunal céleste. Car l'hostie est nourriture de vie mais aussi de mort. Le Christ ainsi transformé est capable de discerner les mérites des fidèles, de distinguer les élus des damnés. Au XIIe siècle se met en place l'excommunication. L'Église, en se donnant le droit d'interdire la communion et d'exclure les fidèles de la communauté, anticipe la dimension eschatologique du Jugement dernier.

3.3 *Jube, Domine, benedicere*

Dès le haut Moyen Âge, la partie sacrée de l'église où officie le prêtre est séparée du lieu où se rassemblent les fidèles par des barrières frontales et latérales. Ces chancels, de faible hauteur, permettent cependant une communication directe entre les officiants et le peuple. Venait s'y greffer un dispositif consacré à la lecture de l'Évangile et à la prédication, baptisé l'ambon. Mais à l'époque gothique, alors que les églises accueillent une foule de plus en plus nombreuse, ces cloisons protectrices de pierre, parfois de bois, prennent des proportions véritablement monumentales. Tendues à l'est de l'édifice, entre les piliers nord et sud du vaisseau central, elles isolent totalement les chanoines, leur assurant calme et sérénité durant les offices, les protégeant des allées et venues de la foule, des bruits du parvis et des courants d'air. À Bourges, la clôture occupe ainsi les 14 mètres de largeur de la nef, sur une hauteur d'environ 7 mètres. Désignées par différentes appellations – *pulpitum* (pupitre), lectrier, tribune... – évoquant leur fonction première, la lecture, ces structures ne prennent le nom de « jubé » qu'au XVIIe siècle, en référence à l'interpellation du religieux qui sollicite de l'évêque sa bénédiction avant de proclamer l'Évangile : « *Jube, Domine, benedicere...* » (Ordonne, Seigneur, de bénir...).

L'élévation des jubés, tout en parachevant la séparation entre laïcs et clercs, offre aux religieux une nouvelle page vierge où inscrire leur message. Le chœur clos devient une véritable église dans l'église, tournant vers le fidèle une façade qui se couvre bientôt d'un programme sculpté. Les cycles sont en général empruntés à l'histoire du Christ et plus particulièrement à la Passion, allusion directe au sacrement de l'Eucharistie administré derrière le jubé, dans le chœur. Plus encore que celui des portails, ce décor, qui est en permanence sous le regard des fidèles durant l'office, est une invite à suivre le chemin de l'Église. Le discours, clair, volontiers narratif, est simple à comprendre, enchaînant les scènes sans séparation, utilisant des personnages en nombre réduit, faciles à identifier. Le naturalisme et l'expressivité des différentes figures, le soin apporté aux costumes contemporains, aux paysages, qu'ils soient urbains ou campagnards, le rendent plus accessible encore, proche de cette culture orale des ordres mendiants qui se développe alors dans les rues de la ville. De simple support pour l'office ponctuel de la prédication, le jubé en devient peu à peu l'instrument permanent[18].

Notre pays restera longtemps attaché à la tradition du jubé. Après le schisme qui, au XVIe siècle, donne naissance au protestantisme, l'Église catholique revoit profondément son rapport à la liturgie. Elle veut une participation plus directe des fidèles. Un décret du concile de Trente (1545-1563) demande qu'ils bénéficient d'une vue aussi directe que possible sur le maître-autel. Dans les églises italiennes, les clôtures tombent, l'espace cultuel s'unifie. Mais en France le XVIIe siècle voit encore la construction de jubés, comme à Paris chez les Cordeliers en 1605 ou chez les Augustins en 1665. Ils font pourtant l'objet d'attaques de plus en plus virulentes. « Que l'on supprime tous ces ambons qui barricadent l'entrée du chœur et le rendent impénétrable à tous les regards », demande l'abbé Augier dans son *Essai sur l'architecture* en 1753. Au cours du XVIIe siècle de nombreux jubés seront détruits. Celui de la cathédrale d'Amiens disparaît en 1755 lorsque l'accès au chœur est ouvert.

[18] Lire le très intéressant article de Fabienne Joubert, dans *Le Monde de la Bible*, numéro 121, septembre-octobre 1999.

< L'arbre de Jessé est l'un des motifs symboliques les plus présents dans les cathédrales gothiques. Patriarches et rois de l'Ancien Testament sont assis sur ses branches aux voussures du portail nord de Notre-Dame de Chartres. Le tronc de l'arbre est sculpté entre les genoux de Jessé lui-même. Le thème vient d'une prophétie d'Isaïe (Is 11, 1-2 et 10) et de la généalogie de Jésus, au début de l'Évangile de Matthieu. Jessé était père de David, premier roi de Juda. Isaïe écrit : « Un rejeton sort de la souche de Jessé, un surgeon pousse de ses racines : sur lui repose l'esprit de Yahvé. » Les savants commentateurs de la Bible y verront l'image d'une lignée qui de Jessé mène à Jésus, unissant l'ancienne et la nouvelle Alliance, l'Ancien et le Nouveau Testament.

Portail nord, voussures de la baie centrale, cathédrale Notre-Dame, Chartres.

Chapitre 4

Un livre secret pour les initiés

« Nous sondons, comme nous pouvons, les secrets de l'Écriture. D'autres le feront avec plus de succès ; mais il y a une chose certaine, c'est que tout cela n'a pas été écrit sans mystère. »

Saint Augustin (mort en 430).

Fondée par Guillaume de Champeaux, archidiacre et écolâtre de Notre-Dame, l'abbaye Saint-Victor de Paris est, au XIIe siècle, l'un des foyers intellectuels les plus brillants de la Chrétienté. Son école accueille des étudiants de l'Europe entière. Et des maîtres de renom, à la fois exégètes et philosophes, mystiques et poètes. Parmi eux, le célèbre théologien Adam de Saint-Victor (mort après 1140). Ce jour-là, il se tient dans le réfectoire du monastère. Il a dans la main un fruit modeste, fruste même. Une simple noix. Et dans cette noix, que voit-il ? L'image de Jésus-Christ : « L'enveloppe verte et charnue qui la recouvre, écrira-t-il, c'est sa chair, son humanité. Le bois de la coquille, c'est le bois de la croix où cette chair a souffert. Mais l'intérieur de la noix, qui est pour l'homme une nourriture, c'est sa divinité cachée[1]. »

Le monde entier comme un symbole, une pensée que Dieu portait en lui et qu'il a accomplie par le Verbe. Pour l'homme médiéval, chaque objet, chaque élément, chaque être, le plus banal soit-il, est la figuration d'une réalité supérieure, éternelle. Chaque image aussi, chaque rituel et chaque geste. C'est là le sens exact du mot grec *symbolon* qui, à l'origine, désignait un signe de reconnaissance, un objet cassé en deux, puis partagé entre des personnes qui voulaient conserver, après leur séparation, une trace de leur relation. En évoquant sa partie manquante, le symbole renvoie à une réalité inaccessible à l'homme, qui en pressent pourtant l'existence. Tout l'effort de la pensée et de l'exégèse médiévales sera de retrouver, derrière l'apparence, la réalité cachée. Derrière le voile des choses visibles, la vérité des choses invisibles.

Cette pensée symbolique, qu'il faut tâcher de saisir tant elle est la clé essentielle de l'art des cathédrales, nous apparaît aujourd'hui fondamentalement étrangère. D'abord parce

[1] Adam de Saint-Victor, *Sequentiae*, Patrol., t. CXCVI, col. 1433.

v Le Christ et Marie lors de son couronnement sont souvent représentés dans une mandorle, gloire ovale, en forme d'amande : elle symbolise l'au-delà, en dehors du temps.

Vitrail de l'incarnation,
cathédrale Notre-Dame, Chartres.

> Pour les lettrés du Moyen Âge, et notamment Isidore de Séville (vers 570-636), Noé préfigure le Christ et l'arche qu'il bâtit l'Église. Dans cette interprétation, le déluge devient à la fois symbole du baptême par l'eau et du Jugement dernier.

Vitrail de Noé,
cathédrale Notre-Dame, Chartres.

que nos savoirs et nos sensibilités ne sont pas ceux du Moyen Âge. Comme le fait si justement remarquer Michel Pastoureau[2], le bleu qui est pour nous une couleur froide est au contraire pour l'homme médiéval une couleur chaude car elle est celle de l'air, qui est chaud et sec. Le castor, ou le dauphin, puisqu'ils évoluent dans l'eau, font partie des poissons, non des mammifères. Quant au dragon, ce n'est pas un animal fantastique, une créature de chimères, mais bien un monstre qui hante les marécages et les forêts de l'univers quotidien.

Surtout, la symbolique médiévale joue sur des associations d'idées, des codes de correspondance, tout un outillage mental qui n'est plus le nôtre. La réalité cachée des objets se laisse d'abord appréhender à travers leur nom, en vertu de rapprochements étymologiques qui nous semblent hasardeux. C'est ainsi que le noyer passe pour maléfique, une frondaison sous laquelle il ne faut pas s'endormir de peur d'être surpris par le Diable, car son nom latin *nux* évoque le verbe *nocere* qui signifie « nuire ». Ou que le pommier, *malus* en latin, suggère le mal et n'est pas pour rien l'arbre de la Chute[3]. Dans l'art médiéval, pour figurer les élus dans le sein d'Abraham, les artistes les placeront souvent dans son manteau, car le sens premier de *sinus* est « pli d'un vêtement ».

Le symbole peut aussi jouer sur une analogie, une ressemblance plus ou moins vague. La nature en est une source infinie. Minéraux, végétaux, animaux, tous sont catalogués avec leurs attributs et leur signification dans les lapidaires, floraires et bestiaires qui tiennent une place de choix dans les bibliothèques médiévales. En vertu de leur couleur, les pierres sont à la fois symbole et instrument de guérison. Ainsi, la sardoine rouge, qui évoque le Christ répandant son sang sur la croix pour sauver l'humanité, soigne les hémorragies. Le Christ, c'est aussi la grappe de raisin pressée dans le moulin mystique, tandis que Marie est la rose : blanche, la fleur évoque sa virginité, rouge, sa charité. Le scorpion, qui pique avec sa queue, incarne la fausseté, notamment celle du peuple juif. Le hibou, qui ne voit pas le jour, est le symbole de l'aveuglement de ce même peuple juif qui a fermé les yeux au soleil du Nouveau Testament.

L'iconographie des cathédrales puise largement dans ce réservoir sans fin d'images à double sens. À côté du bestiaire du Diable, surabondant à l'époque romane, se développe le

---
[2] Lire notamment Michel Pastoureau, *Couleurs, images, symboles,* Études d'histoire et d'anthropologie, Léopard d'or, 1989.

---
[3] Michel Pastoureau (avec Frank Horvat), *Figures romanes, op. cit.*

bestiaire du Christ. Il est l'agneau du sacrifice en un rapprochement très ancien ; mais aussi la licorne, animal sauvage que seule une vierge peut caresser et qui porte sur le front l'emblème de la force divine. Il est le phénix, qui renaît de ses cendres en un symbole évident de la Résurrection ; mais aussi le lion, parce que, disent les bestiaires, le lionceau, mis au monde mort-né, ressuscite trois jours plus tard au seul rugissement de son père. Ou encore le pélican qui redonne vie à son petit en s'ouvrant la poitrine et en l'arrosant de son sang.

Il ne faut pas croire que cette pensée abstraite soit l'apanage des seuls lettrés. Elle est seulement une forme plus élaborée de la pensée magique dans laquelle baigne le peuple et qui se manifeste par la vénération des saints, des amulettes et des reliques, la crainte superstitieuse des sacrements. Concret et abstrait s'imbriquent étroitement au plus profond de la pensée médiévale[4], et dépassent les clivages culturels. Le culte, avec ses rituels familiers, immerge par ailleurs le fidèle dans un bain permanent de mystère. Le samedi saint, raconte l'évêque de Mende, Guillaume Durand (1230-1296)[5], le célébrant commence par éteindre toutes les lumières dans l'église pour signaler la fin de l'ancienne Loi qui éclairait jusque-là le monde. Puis il frotte un silex pour en faire jaillir du feu, rappelant que le Christ est la pierre angulaire de la création. Le prêtre souligne ensuite la ressemblance du corps de Jésus avec le cierge pascal, car, dit-il, ce cierge est fait d'une cire produite par l'abeille, chaste et féconde à l'image de la Vierge. Pour renforcer la similitude, il enfonce dans la bougie cinq grains d'encens qui évoquent les cinq plaies du Christ, avant de l'allumer, en un symbole de la Loi nouvelle qui gouverne le monde depuis la venue du Fils de Dieu.

Sensible aux symboles, le peuple du Moyen Âge l'est, sans aucun doute. Et capable, bien plus que nous, d'une double lecture de l'iconographie sacrée. Pour la foule médiévale, les sculptures de la cathédrale ne sont pas qu'une bande dessinée, en relief et sans bulles. Mais une grande partie de son message lui demeure inaccessible. Car les exégètes, dans un retour constant, une rumination permanente des textes sacrés, élaborent des systèmes de correspondances d'une subtilité difficilement intelligible pour les illettrés. Des illettrés parmi lesquels il faut d'ailleurs compter de nombreux clercs qui déchiffrent mal le latin et n'ont pas accès à toutes les vérités de la foi.

Les traités savants sont ainsi remplis, dès le haut Moyen Âge, de spéculations infinies et complexes sur les vertus des nombres. Les penseurs les croient doués d'une force secrète, empreinte en chaque chose par la sagesse divine. Les chiffres impairs, indivisibles, donc incorruptibles, expriment la perfection, l'infini, l'éternité. Ce sont les chiffres de la divinité.

---

[4] Jacques Le Goff, *La Civilisation de l'Occident médiéval, op. cit.*

---

[5] Ration. Div. Offic., lib. VI, cap. LXXX, cité par Émile Mâle, dans *L'Art religieux du XIIIe siècle en France, op. cit.*

^ Le vitrail de la Rédemption, à Chartres, foisonne d'allusions symboliques à la Passion du Christ.
En haut : la grappe de raisin sur un bâton évoque une scène du livre des Nombres, dans l'Ancien Testament : deux espions envoyés par Moïse pour découvrir la Terre promise reviennent d'Escol avec une immense grappe de raisin, accrochée à un bâton. Cette grappe symbolise Jésus suspendu à la croix, car de son sang, il remplit le calice de l'Eucharistie.

En bas : selon les bestiaires médiévaux, le pélican tue ses petits, mais leur redonne vie au bout de trois jours en les abreuvant de son sang. Pour Honorius Augustodunensis, l'oiseau symbolise à la fois Dieu qui ressuscite le Christ au troisième jour, et Jésus qui donne son sang pour sauver le monde. Sur ce vitrail, face à l'oiseau, on voit David portant un phylactère sur lequel est inscrit la formule suivante : « Je suis semblable au pélican. »

Vitrail de la Rédemption,
cathédrale Notre-Dame, Chartres.

< Les arts libéraux, enseignés dans les écoles cathédrales, sont souvent représentés à la façade des églises. Au portail royal de Notre-Dame de Chartres, leurs allégories sont accompagnées des personnages qui les illustrèrent de la façon la plus éclatante dans l'Antiquité. À gauche, Pythagore (ou Boèce) apparaît sous les pieds de la Musique. À droite, Donat (ou Priscien) sous ceux de la Grammaire. Celle-ci tient un livre et un fouet : elle enseigne au studieux et punit le paresseux, représentés à ses genoux par deux enfants, l'un courbé sur son livre, tandis que l'autre s'amuse.

Voussures du portail royal, baie de droite, cathédrale Notre-Dame, Chartres.

Les chiffres pairs, divisibles, renvoient au monde terrestre, imparfait, et aux hommes. Mais le sept, expliquent les Pères de l'Église, addition du trois, qui est le nombre de la Trinité, et donc de l'âme, et du quatre, qui symbolise les choses créées – les quatre éléments, les quatre saisons, les quatre points cardinaux... – est un nombre parfait, le plus mystérieux de tous ; union des deux natures, l'âme et la matière, il est omniprésent, depuis les sept jours de la Création jusqu'aux sept planètes qui gouvernent les destinées du monde, les sept âges de l'homme, les sept sacrements... Le douze, quant à lui, multiplication du quatre et du trois, symbolise la pénétration, au sens mystique, de la matière par l'esprit ; il est le nombre de la plénitude, des tribus d'Israël, des signes du Zodiaque et des Apôtres.

Les calculs savants des exégètes ne sont pas sans rappeler la kabbale. Honorius Augustodunensis, autrement appelé Honorius d'Autun, auteur mystérieux de nombreux traités doctrinaux et adepte d'arcanes, explique ainsi que l'âme s'unit au corps quarante-six jours après la conception parce que le nom d'Adam, transposé en chiffres à partir des lettres grecques qui le composent, est égal à quarante-six.

Ces spéculations mathématiques ne sont pas seulement du domaine de l'esprit. Elles s'inscrivent dans la pierre des églises. Non d'une façon systématique, mécanique : il faut bien se garder de vouloir déchiffrer partout des nombres sacrés, comme le font certains esprits romantiques. Mais leurs combinaisons ont sans doute guidé les commanditaires des grands chantiers médiévaux : moines, évêques, hauts dignitaires de l'Église, qui font partie de l'élite intellectuelle de l'époque et sont initiés à la science ésotérique. Ces commanditaires, durant tout le XIe siècle et une partie du XIIe siècle, font aussi souvent office de maîtres d'œuvre et d'architectes.

Dans l'architecture profondément pensée et dépouillée des Cisterciens, la disposition de la pierre devient métaphore. Bernard de Clairvaux a longuement commenté la quadrature du cloître. Carré, comme la cité de Dieu, il évoque, pour le moine qui médite, à la fois les quatre fleuves du jardin d'Eden et les quatre sources que sont les Évangiles. Mais aussi les points cardinaux et les quatre dimensions du divin, les trois de l'espace sensible – longueur, largeur, hauteur – auxquelles s'ajoute, plus mystérieuse, la profondeur. Le cloître, autour duquel déambulent les frères, se trouve ainsi au carrefour de l'univers[6].

Héritier de toutes les innovations monastiques, l'abbé Suger demandera que la basilique de Saint-Denis soit « reconstruite à l'aide des instruments de la géométrie et l'arithmétique », afin que l'édifice s'accorde aux harmonies sublimes de la surnature. Dans le déambulatoire du chœur, il place douze colonnes, représentant les Apôtres, douze autres piliers secon-

[6] Georges Duby, « Saint Bernard, l'art cistercien », *in L'Art et la société : Moyen Âge - XXe siècle*, coll. « Quarto », Gallimard, 2002.

> La dialectique (voussure extérieure) est identifiée par le serpent et la fleur, symboles de l'intelligence et du bien. À ses pieds, Aristote, penché sur ses écrits.

Voussures du portail royal, baie de droite, cathédrale Notre-Dame, Chartres.

daires figurant les prophètes, en référence aux paroles de Paul dans l'Épître aux Éphésiens : « Vous avez été intégrés dans la construction qui a pour fondation les apôtres et les prophètes, et Jésus-Christ lui-même comme pierre maîtresse. C'est en lui que toute construction s'ajuste et s'élève pour former un temple saint dans le Seigneur[7]. » La pièce maîtresse, ou pierre angulaire, qu'incarne le Christ n'est autre que la clé de voûte.

Il y a quelque chose de rythmique dans cette arithmétique de la pierre. La symétrie des registres imagiers, l'ordonnance des grandes statues aux façades des cathédrales sont l'expression d'un accord profond, une « musique fixée », comme l'écrivait Émile Mâle. L'homme médiéval n'aime pas, craint le désordre, toujours lié dans la symbolique au mal, à la déchéance. La beauté vient de la proportion, de l'harmonie ; une harmonie voulue et imprimée au monde par le Créateur et que l'art doit s'efforcer d'imiter. D'où l'importance première de la musique comme science des nombres. L'architecte, écrit Guillaume de Passavant, évêque du Mans au XIIe siècle, est un « compositeur ». À Cluny, le moine Gunzo, qui est chargé, en 1088, de calculer les proportions de la basilique lors de son agrandissement par l'abbé Hugues, est un expert en psalmodies, un musicien réputé.

Avec la professionnalisation du métier d'architecte, l'organisation toujours plus rationnelle des chantiers à partir du XIIIe siècle, la géométrie spéculative de l'exégèse médiévale cède peu à peu le pas à une géométrie plus pratique. Les maîtres d'œuvre travaillent à partir de plans, de documents graphiques. La pratique du dessin d'architecture devient leur fonction principale, ils élaborent des catalogues de formes qui permettent des combinaisons innombrables. Mais ils sont eux-mêmes de fins lettrés nourris de mystique chrétienne, et la recherche harmonique demeure leur grand œuvre.

À cette époque du gothique, les programmes iconographiques des cathédrales exposent un degré de subtilité jamais atteint. La foi ne s'est pas seulement dogmatisée, elle s'est intellectualisée. Alors que les moines de l'époque romane, notamment les Bénédictins, n'étaient pas tous, loin de là, de fins lettrés, que les *scriptoria* où œuvraient les moines copistes étaient rares dans les couvents et la production écrite pauvre – l'effort portant surtout sur l'enrichissement du rituel, et les études sur la musique –, avec le développement des villes et du clergé séculier, les écoles cathédrales prennent leur essor. Elles sont rejointes par les plus illustres théologiens, les plus fins penseurs : Chartres, animée en l'an mil par l'évêque Fulbert, Laon, puis Paris qui doit sa gloire au brillant Abélard, Orléans... Au XIIIe siècle, l'alentour des cathédrales est peuplé de « professeurs urbains » et d'étudiants.

[7] La Bible, traduction œcuménique.

> Une scène de la chute d'Adam et Ève, figurée sous les pieds de la Vierge, à la façade de Notre-Dame de Paris. En donnant naissance à Jésus, Marie, Nouvelle Ève et personnification de l'Église, efface le péché originel et ouvre aux hommes la voie du Paradis céleste (détails pages suivantes).

Façade ouest,
cathédrale Notre-Dame, Paris.

La nouvelle passion des écolâtres, c'est le raisonnement, la rhétorique, des techniques puisées chez les auteurs antiques que l'on redécouvre. La dialectique devient avec la grammaire la branche essentielle de l'enseignement. Elle permet de résoudre les contradictions de la Bible, de déchirer le voile qui s'interpose, dans ce texte réputé mystérieux, entre la pensée du Créateur et le lecteur, et de retrouver, à la suite des Pères de l'Église, ses différents niveaux de sens.

Cette recherche acharnée s'exerce avec une obstination particulière dans le domaine des concordances entre l'Ancien et le Nouveau Testament. Une exégèse largement ignorée aujourd'hui, car le concile de Trente (1545-1563), réuni en pleine propagation du protestantisme, a remis l'accent sur le sens littéral du Livre. Saint Augustin l'a résumée en une belle et définitive formule : « L'Ancien Testament n'est pas autre chose que le Nouveau couvert d'un voile, et le Nouveau Testament pas autre chose que l'Ancien Testament dévoilé. » Autrement dit, la nouvelle Loi – les Évangiles – ne contredit pas l'ancienne, elle la réalise. L'histoire juive est comme une prophétie vécue où se sont accomplis, symboliquement, tous les actes de l'histoire chrétienne avant que celle-ci ne se déroule dans le réel. Une doctrine enseignée dès les Évangiles par la bouche même du Christ : « N'allez pas croire que je sois venu abroger la Loi ou les prophètes : je ne suis pas venu abroger, mais accomplir. Car, en vérité je vous le déclare, avant que ne passent le ciel et la terre, pas un "i", pas un point sur le "i" ne passera de la Loi, que tout ne soit arrivé » (Évangile selon Matthieu).

Dès lors, chaque figure, chaque épisode de l'Ancien Testament annonce, pour les savants, le Nouveau. Autour de la Passion se noue un réseau infini de concordances. L'Arche de Noé devient une figure de Jésus-Christ en croix, parce que le corps de l'homme est six fois plus long que large, et que ce sont là les dimensions de l'Arche. Le sacrifice d'Isaac par Abraham est une allégorie de Dieu offrant en sacrifice son fils Jésus ; le bois qu'Isaac charge sur ses épaules est la croix même du Christ. Le serpent d'airain, élevé dans le désert par Moïse pour protéger son peuple des morsures de serpent, est une allégorie de la mise en croix. Quant à la résurrection du Christ, elle est annoncée par le prophète Jonas sortant de la gueule du monstre marin qui l'a englouti, après être demeuré trois jours dans son ventre comme le Christ est resté trois jours dans son tombeau. Samson enlevant les portes de Gaza, où les Philistins pensent le garder prisonnier, c'est encore Jésus ouvrant les portes du sépulcre où les Juifs croient l'avoir enfermé à jamais. Et ainsi, à l'envi.

Ce parallélisme, parfois poussé à l'absurde, domine toute l'iconographie de l'Ancien Testament à l'époque romane. Nourri des spéculations sans fin des mystiques et des écolâtres, il se développe

> La musique est à la fois harmonie et science des nombres pour les lettrés du Moyen Âge. Elle tient une place essentielle à Cluny dont l'un des architectes fut aussi expert en psalmodies. Les huit tons du chant grégorien, qui est pratiqué dès le haut Moyen Âge, sont figurés sur les chapiteaux du chœur de la basilique par huit musiciens. Ils sont accompagnés d'un texte expliquant le sens de chacun des tons. Le quatrième, celui qui exprime la tristesse, apparaît comme un personnage portant des clochettes. La figure est ici reprise à Autun, où elle signifie peut-être l'enseignement de l'art musical à deux enfants. On la retrouve plus tard à Chartres pour symboliser la musique en soi.

Chapiteau,
cathédrale Saint-Lazare, Autun.

ensuite en de vastes programmes très pensés et structurés aux façades et sur les vitraux des grandes églises gothiques, sous-tendant, dans les thèmes et les figures choisis, des rapprochements qui sont pour nous illisibles.

La rose sud de la cathédrale de Chartres offre une remarquable synthèse de cette pensée totalisante, et à bien des égards, totalisatrice, car toute l'histoire du monde ne prend de sens qu'avec la venue du Christ. Dans la lancette centrale, Marie, couronnée, tient son Fils sur son bras. À sa droite et à sa gauche figurent les quatre principaux prophètes de l'Ancien Testament, chacun soutenant sur ses épaules les évangélistes du Nouveau : Jérémie porte Luc, Isaïe porte Matthieu, Ézéchiel Jean, Daniel Marc. Les évangélistes apparaissent plus petits que les prophètes. « Nous sommes des nains montés sur les épaules des géants, mais nous voyons plus loin qu'eux », écrivait Bernard de Chartres.

La cathédrale, somme doctrinale de l'Église, construction théologique autant qu'architecturale, est devenue une immense allégorie. Une mise en images de l'harmonie de la Création, de la continuité infinie de l'œuvre de Dieu. Un résumé du temps chrétien, écho permanent de lui-même.

> Chapiteau, nef, bas-côté sud, abbaye de Vézelay.

4.1 Le moulin mystique

Les sculpteurs puisent souvent dans les gestes simples du travail rural pour exprimer des vérités complexes. Le moulin mystique est l'un des symboles les plus aboutis de la pensée médiévale. À gauche, sur ce chapiteau, un prophète, peut-être Moïse, déverse des grains de blé dans l'entonnoir d'un moulin. Dessous, l'apôtre Paul recueille la farine dans un sac. Ce blé, c'est l'Ancien Testament ; la farine qui en ressort, la parole divine du Nouveau Testament. Entre les deux, affinant la matière brute, le moulin symbolise Dieu. Ainsi la conversion n'est-elle pas un aboutissement, mais une transformation, un travail sur soi. Le moulin évoque aussi le corps du Christ sacrifié, présent dans le pain, lors de l'Eucharistie. Tandis qu'en miroir, une autre image rurale, le pressoir mystique, évoque son sang, présent dans le vin.

< Au tympan, l'Assomption de la Vierge ; dessous, au trumeau, sainte Anne portant Marie enfant.

Portail nord, baie centrale, tympan et trumeau, cathédrale Notre-Dame, Chartres.

4.2 Le portail secret

C'est le portail le plus secret de Notre-Dame de Chartres, élevé face à une place étroite et presque close. Le soleil s'y fait rare, il n'éclaire complètement ses grandes statues que quelques jours par an, au solstice d'été. Complexe, énigmatique de prime abord, il recèle tout entier, dans sa seule baie centrale, le message ésotérique de la cathédrale. Une mise en scène à plusieurs niveaux des correspondances entre Ancien et Nouveau Testament, subtile et ludique à l'image de la pensée médiévale[8].

Le tympan figure l'Assomption de Marie. Inspiré par des textes apocryphes, cet épisode, qui n'apparut jamais dans les livres liturgiques de l'Église, est décliné dans la plupart des grandes cathédrales. Il est ici détaillé en trois scènes fortement inspirées par l'iconographie byzantine. Sous le tympan, à gauche du linteau, Marie est allongée, entourée des Apôtres. Dispersés dans le monde, ils ont été attirés à son chevet par une force mystérieuse. Jésus est là, lui aussi, apparu à la troisième heure de la nuit. On le reconnaît à son nimbe frappé d'une croix, il tient dans ses bras l'âme de sa mère sous la figure d'un petit enfant. À droite du linteau, les anges soulèvent délicatement le corps de la Vierge dans un drap pour le porter, au troisième jour, jusqu'au ciel. Au-dessus, au tympan, Marie figure, couronnée, à la droite de son fils.

Le message du portail, qui affirme la royauté de Marie, semble clair et cohérent avec l'histoire de la cathédrale. L'édifice est consacré à la Vierge au moins depuis l'époque carolingienne. Sa relique la plus sacrée, la « sainte Tunique », dont la légende dit que Marie l'a portée au moment de la naissance de Jésus, fait l'objet d'un important pèlerinage. Mais ce message apparemment évident se brouille lorsque l'on détaille les voussures extérieures. Consacrées à la Genèse, elles racontent, en une succession d'images d'une émouvante beauté,

[8] Sur ce portail, lire le beau livre d'Anne Prache, *Chartres, le portail de la Sagesse*, Nouvelles Éditions Mame, 1994.

l'histoire de l'humanité depuis la Création du monde jusqu'à la déchéance d'Adam et Ève. Pourquoi un tel rapprochement de deux thèmes apparemment si lointains ? Leur coexistence n'est ni fortuite, ni simplement esthétique. Jésus représente, comme l'écrit saint Paul, le Nouvel Adam : alors que le premier, par sa faute, apporte la mort et la fin du paradis sur terre, lui, par son sacrifice, apporte la vie et promet un nouveau paradis. La symétrie entre les deux figures a été développée jusqu'à ses limites par les exégètes du Moyen Âge. C'est, raconte-t-on, dans l'arbre du Bien et du Mal que fut fabriquée la croix du supplice ; Jésus sera mis à mort un vendredi, jour de la création d'Adam, et rend l'âme à la troisième heure, l'heure même où Adam commit sa faute ; enfin, le Golgotha, mont du sacrifice du Christ, serait aussi le lieu d'inhumation de notre vieil ancêtre, de sorte que le sang de l'un coula sur les os de l'autre.

Dans cette concordance sacrée, Marie remplit un double rôle : mère de Jésus, elle permet, en le mettant au monde, l'accomplissement des prophéties contenues dans l'Ancien Testament ; Nouvelle Ève, épouse du Christ, elle personnifie l'Église.

Le lien entre les deux registres, et les deux livres sacrés, se fait grâce à sainte Anne, présente au trumeau. Figure apparue elle aussi dans les textes apocryphes, elle est présentée comme la mère de Marie. Elle est dite vierge, comme elle, de telle façon que Marie conçue immaculée puisse engendrer le dieu incarné. Mais au-delà, elle rappelle par sa présence une lignée familiale qui fait remonter les origines du Christ aux origines d'Israël. Dans les Évangiles, la famille de Marie, évoquée par Marc, et sa généalogie, établie par Matthieu, en font une descendante directe de David. Elle unit ainsi en elle l'ancienne et la nouvelle Alliance.

La généalogie du Christ est confirmée par un autre symbole, présent dans les deuxième et troisième voussures. Les personnages y sont enveloppés par les longues tiges feuillues de l'arbre de Jessé. C'est l'un des symboles les plus présents de la cathédrale, issu d'une prophétie d'Isaïe. Jessé était le père de David, premier roi de Juda. Isaïe écrit : « Un rejeton sort de la souche de Jessé, un surgeon pousse de ses racines : sur lui repose l'esprit de Iahvé. » Les commentateurs de la Bible y verront l'image d'une lignée familiale qui, de Jessé à Joseph, époux de Marie, mène à Jésus.

< La Genèse figure dans les voussures extérieures du portail en deux rangs juxtaposés, liés horizontalement : à l'extérieur, le Créateur, à l'intérieur, sa Création. On y voit Dieu séparer le firmament et créer les éléments, imaginer le premier homme et la première femme. Ici, il finit de modeler la tête d'Adam, posée sur ses genoux, avec une infinie tendresse.

v Genèse : le Jour tient la main de la Nuit, qui a les yeux bandés.

Portail nord, baie centrale, voussures, cathédrale Notre-Dame, Chartres.

Le programme, cohérent, pensé, se conclut par les grandes statues-colonnes qui figurent aux embrasements de la baie : sept personnages de l'Ancien Testament, trois du Nouveau. Tous annoncent le sacrifice du Christ. À l'extrême gauche se tient Melchisédech, l'ancien prêtre-roi de l'époque d'Abraham ; à l'extrême droite, Pierre, le nouveau prêtre sur lequel le Christ a bâti son Église. Chacun porte un calice. Le pain et le vin que Melchisédech offre au Tout-Puissant sont devenus, après la réalisation des prophéties, la chair et le sang du Christ. Abraham, à côté de Melchisédech, s'apprête à égorger son fils Isaac, préfiguration de Jésus. Moïse, portant les tables de la Loi, élève le serpent d'airain, symbole de l'élévation du Christ sur la croix : « Et comme Moïse a élevé le serpent dans le désert, il faut que le Fils de l'homme soit élevé » (Jean, 3, 14). C'est ensuite Samuel (ou Aaron), personnage couvert du châle de prière des Juifs, qui s'apprête à sacrifier un agneau, nouvelle préfiguration du Christ. David, lui, tient la lance, le fouet et la couronne d'épines, instruments du supplice de Jésus. Le psaume 22 de David commence par cette interrogation : « Mon Dieu, mon Dieu, pourquoi m'as-tu abandonné ? » Les mots mêmes que prononce le Christ sur la croix.

De l'autre côté de la porte vient Isaïe, le prophète de l'Incarnation, celui qui annonce que Jessé, père de David, engendrera la lignée du Christ. Puis Jérémie, qui porte la croix qu'il a prédite. Ensuite deux prophètes du Nouveau Testament : Siméon, portant Jésus dans ses bras, Siméon qui reconnaît le Christ quand Marie le présente pour la première fois au Temple et lui annonce : « L'épée va percer ton corps » ; et Jean Baptiste, l'une des plus belles figures de la cathédrale. Le visage tendu de tristesse, il désigne l'Agneau de Dieu qui tient dans sa patte la croix sur laquelle flotte une oriflamme : la mort, et le triomphe sur la mort.

L'histoire est maintenant complète : tandis qu'Adam et Ève entraînaient l'humanité dans la chute, Jésus, Nouvel Adam, incarné grâce à Marie, Nouvelle Ève, lui apporte la rédemption par la vertu de son sacrifice. Un sacrifice annoncé par les prophètes de l'Ancien et du Nouveau Testament.

page 120

< De gauche à droite : Melchisédech, représenté ici dans sa fonction de grand prêtre, coiffe le bonnet liturgique, au lieu de la couronne royale ; il tient dans les mains le calice du pain et du vin (détail page 123). Abraham soutient avec délicatesse la tête d'Isaac, son fils, les pieds liés, prêt pour le sacrifice ; il tourne la tête vers un ange qui lui dit d'égorger le bélier, qui se trouve dans le fourré sous ses pieds, à la place de son enfant. Moïse piétine le veau d'or et porte le serpent d'airain qui lui permit de guérir son peuple du poison durant la grande plaie de l'invasion des reptiles, comme le Christ guérira l'humanité de ses blessures spirituelles par son sacrifice sur la Croix. Samuel (ou Aaron) égorge l'agneau pascal, image de Jésus. David, ancêtre de Jésus qui prophétisa la Passion du Christ, porte la lance et la couronne d'épines.

page 121

< De gauche à droite : Isaïe, prophète de l'Incarnation, est debout au-dessus de Jessé et tient dans la main une tige fleurie, allusion au surgeon issu de la racine du père de David. Jérémie porte sur son sein la croix qu'il a prédite. Siméon, qui a annoncé à Marie, au Temple, les souffrances qu'endurera son fils, tient l'enfant Jésus dans ses bras. Jean Baptiste, le visage creusé par son long jeûne dans le désert, habillé de poils de chameaux, écrase de ses pieds nus un dragon, symbole du Mal que le Christ vainc par son sacrifice. Pierre, le nouveau prêtre, fait pendant à Melchisédech, l'ancien prêtre, debout sur un rocher, coiffé de la tiare et revêtu des habits pontificaux.

Portail nord, baie centrale, ébrasements,
cathédrale Notre-Dame, Chartres.

page 124

v Le Christ de l'Apocalypse, figuré dans une mandorle, est l'image centrale du portail royal de Chartres. Il est entouré des quatre êtres de la vision de Jean : le lion, le bœuf, l'homme et l'aigle. Au-dessus de lui, aux voussures, les vingt-quatre vieillards de l'Apocalypse. Au-dessous, les disciples de Jésus, absents dans les écrits de Jean, mais qui apparaissent en tant que juges assesseurs dans la vision de saint Matthieu.

Portail royal, baie centrale, tympan,
cathédrale Notre-Dame, Chartres.

« Je fus saisi par l'Esprit.
Et voici, un trône se dressait dans le ciel, et, siégeant sur ce trône quelqu'un.
Celui qui siégeait avait l'aspect d'une pierre de jaspe et de sardoine.
Une gloire nimbait le trône de reflets d'émeraude. [...]
Au milieu du trône et l'entourant, quatre animaux couverts d'yeux par-devant et par-derrière.
Le premier animal ressemblait à un lion,
Le deuxième à un jeune taureau,
Le troisième avait comme une face humaine,
Et le quatrième ressemblait à un aigle en plein vol[9]. »

Apocalypse (4, 2-7)

4.3 Le lion, le taureau, l'homme et l'aigle

De toutes les visions de Jean décrites dans l'Apocalypse, celle du trône de Dieu entouré de quatre animaux fut la plus souvent et la plus majestueusement représentée. Les lettrés n'ont pas manqué de souligner combien elle évoquait une autre vision prophétique, celle des quatre vivants d'Ézéchiel, dans l'Ancien Testament, qui aperçoit, au milieu d'une grande nuée et d'un feu fulgurant, des vivants à quatre faces, l'une d'homme, l'autre de lion, la troisième de taureau, et la quatrième d'aigle.

Le tétramorphe – de *tétra*, « quatre », et *morphe*, « forme » – est rapidement assimilé par les Pères de l'Église à des animaux ailés symbolisant les quatre évangélistes. Le lion pour Marc, le taureau pour Luc, l'homme pour Matthieu et l'aigle pour Jean. L'homme est bientôt figuré dans l'iconographie par un ange. Quant au taureau, le christianisme éprouve envers lui une forte aversion car c'est l'animal sacré du culte de Mithra, une religion orientale qui l'a longtemps concurrencé. Il est donc remplacé par un bœuf, bête du sacrifice par excellence.

Dès le XIIe siècle, en un jeu de concordances familier au Moyen Âge, le tétramorphe s'enrichit de nouveaux sens symboliques, qui se surajoutent sans s'annuler. C'est ainsi que les quatre animaux représentent tous, en plus des évangélistes, Jésus-Christ : car il fut homme en naissant, bœuf en mourant sacrifié, lion en ressuscitant (selon les bestiaires, l'animal ranime son petit mort-né de son rugissement), aigle en montant au ciel. Mais ils symbolisent aussi, en un troisième niveau de sens, les vertus nécessaires au chrétien pour être sauvé. Il doit être homme, parce que seul l'homme progresse sur la voie de la raison ; bœuf car il accepte de s'immoler en renonçant aux voluptés du monde ; lion, animal courageux par excellence ; et enfin aigle car, comme l'oiseau, il doit s'envoler vers les hauteurs et regarder le soleil des vérités éternelles sans jamais baisser les yeux[10].

[9] La Bible, traduction œcuménique.

[10] Émile Mâle, *L'Art religieux du XIIIe siècle en France*, Armand Colin, 1986 ; 1998.

> Les trois lancettes du portail royal. De droite à gauche – sens de la lecture symbolique du triptyque : l'arbre de Jessé, l'Incarnation, puis la Passion et la Résurrection. Pages 128-129, détail du vitrail de l'Incarnation : les vingt-quatre scènes qui le composent sont alternativement serties dans des carrés rouges et des cercles bleus.

Vitraux du portail royal,
cathédrale Notre-Dame, Chartres.

4.4 Des formes et des nombres

Au-dessus du portail royal de Notre-Dame de Chartres, éclairées par le soleil couchant, s'élèvent trois magnifiques lancettes, parmi les plus anciennes et lumineuses que nous ait léguées le monde médiéval. Ce triptyque, des années 1150, se lit de droite à gauche, du nord au sud, de l'Ancien Testament, qui est obscurité, au Nouveau, qui est lumière. Une métaphore géographique, appuyée d'un double symbolisme arithmétique et géométrique.

À droite, le vitrail de l'arbre de Jessé. Les images sont insérées dans des compartiments carrés. Au milieu, celui de l'Incarnation est composé d'une alternance de cercles et de carrés. Tandis que le dernier vitrail, celui de la Passion et de la Résurrection, présente exclusivement des cercles. Dans la pensée médiévale, le carré, avec ses quatre côtés correspondant aux quatre éléments, est symbole de ce qui est matériel, limité dans le temps. Le cercle, qui n'a pas de fin, de ce qui est éternel. En faisant se succéder une forme géométrique à l'autre, le triptyque raconte le passage du temporel à l'éternel, grâce à l'incarnation, puis la résurrection du Christ.

Chaque lancette décline ce même symbolisme par la vertu des nombres sept et douze – respectivement addition et multiplication du trois, chiffre symbolisant l'esprit et l'éternité, et du quatre, chiffre de la matière. Dans la première lancette, l'arbre né de l'aine de Jessé porte quatre rois de Juda, puis Marie. Sixième de la composition, elle donne naissance au septième, le Christ, Fils de Dieu fait homme. Son auréole est cerclée de sept colombes, symboles des sept dons du Saint-Esprit, et dans chaque bordure figurent sept prophètes. Dans le vitrail de l'Incarnation, douze carrés alternent avec douze cercles, carrés et cercles composant des croix. Quant aux quatorze panneaux qui racontent les souffrances du Christ fait homme, sa mise au tombeau et sa Résurrection, ils sont sertis dans deux fois sept cercles.

< Cathédrale Notre-Dame, Chartres.

« Le Fils de Dieu est crucifié en toutes choses dans la mesure où il s'imprime en chacune d'elles sous la forme de la croix [...]. Il est celui qui illumine les hauteurs, c'est-à-dire le ciel, qui atteint les profondeurs, les fondements de la terre, qui étend les surfaces depuis l'aube jusqu'à la nuit, qui conduit le monde entier depuis le septentrion jusqu'au midi [...]. »

Saint Irénée, Père de l'Église.

4.5 Le cercle et la croix

Il y a les « fidèles » : les grosses pierres, parfaites, qui servent à la construction de l'église. Elles retiennent entre elles les petites, les plus faibles dans la foi. La chaux, qui compose le ciment, représente la charité ; le sable les choses de la terre ; l'eau : l'Esprit saint. Les quatre murailles figurent les quatre évangélistes ; ou encore les quatre vertus de justice, de prudence, de force et de tempérance vers lesquelles tentent de s'élever les fidèles. Les tours sont les prédicateurs et les prélats, les remparts de la foi.

Même si l'architecture ne se fait pas à l'aide de concepts théologiques, pour les penseurs du Moyen Âge les cathédrales sont tout entières des œuvres hautement symboliques. Leurs spéculations se développent surtout autour de l'orientation des édifices. « Les fondations, écrit vers 1286 Guillaume Durand dans son très précis *Manuel des divins offices*, doivent être disposées de telle façon que la tête de l'église puisse indiquer exactement l'est, c'est-à-dire la partie du ciel où le soleil se lève à l'époque des équinoxes. » De la sorte, elle est tournée vers l'espérance et la résurrection. Le lever équinoxial de l'astre – c'est-à-dire les deux périodes de l'année où le jour a une durée égale à la nuit, d'un cercle polaire à l'autre – étant choisi de préférence au lever solsticial pour signifier la conduite modérée de l'Église, l'égalité d'âme.

Le plan des édifices a lui aussi un sens fort. Qu'il soit rond ou en croix, il donne, selon Honorius Augustodunensis (dit Honorius d'Autun), une image de la perfection. Le cercle est un symbole connu de l'absolu et de l'infini. Pour la croix, l'interprétation est plus complexe. Guillaume Durand compare l'église au corps humain : le chœur, avec l'autel, représente la tête ; le transept, les bras et les mains ; la nef, le reste du corps. Certains ont voulu y voir l'image de la crucifixion du Christ. Le désaxement de certains édifices a même été interprété comme une métaphore de l'inclinaison de sa tête après la mort. Les études archéologiques ont montré qu'il correspondait en fait à des contraintes géographiques.

Le plan en croix est sans doute davantage fondé sur le symbolisme du carré. Désignant les quatre points cardinaux, l'édifice est un résumé de l'Univers, un microcosme. Ce symbolisme est appuyé par l'iconographie. La façade nord, région du froid et de la nuit, est souvent consacrée à l'Ancien Testament, le côté sud, que réchauffe l'astre à son zénith, au Nouveau ; quant au portail ouest, région du soleil couchant, région des morts dans de nombreuses civilisations, il est très généralement réservé à la représentation de l'Apocalypse et du Jugement dernier.

< Dans les grandes cathédrales, le Christ enseignant est souvent figuré foulant aux pieds les animaux symboles du Mal et du paganisme, parmi lesquels se trouvent de nombreuses créatures serpentines : dragon, basilic – coq à queue de serpent – ou encore aspic, monstre à tête de chien et queue de serpent, collant une oreille au sol et bouchant l'autre du bout de sa queue pour ne pas entendre le message du Christ.

Christ enseignant, détail, trumeau du portail du Jugement dernier, cathédrale Notre-Dame, Paris.

Chapitre 5

Brouillons païens

« Quand le serpent sortit de la forêt [...], ils marchèrent à la rencontre l'un de l'autre. Saint Marcel se mit à prier et le monstre, la tête suppliante, vint demander son pardon, la queue caressante. Alors saint Marcel lui frappa trois fois la tête de sa crosse, lui passa son étole autour du cou et manifesta son triomphe aux yeux des citoyens. »

Venance Fortunat (environ 530-609),
Vita Sancti Marcelli.

C'est, à chaque solstice d'été, le même étrange ballet monocorde et marmottant. Tête baissée, lèvres murmurantes, des silhouettes sombres parcourent à pas lents le labyrinthe dessiné sur le pavage de la nef. Soupirs. Pas qui s'étouffent dans la pénombre de la cathédrale. Ce jour-là, au lieu de l'habituelle procession des fidèles sur le chemin symbolique de la foi, se déroule un rite particulier. Dont les mots ne sont pas ceux de la prière chrétienne. Un rite nourri de spéculations alchimiques et d'ésotérisme païen.

Depuis des siècles, les brumes de la légende enveloppent les tours de Notre-Dame de Chartres. On la dit bâtie sur un ancien sanctuaire druidique, point de rencontre privilégié entre les courants telluriques et cosmiques, « centrale d'énergie » élevée par des bâtisseurs initiés aux secrets de l'univers. La fable s'est construite peu à peu, à partir de la fin du Moyen Âge, autour d'une statue de bois de l'époque romane représentant une Vierge à l'Enfant, qui était vénérée dans la crypte. Cette statue serait le vestige d'un ancien culte païen autrefois rendu à l'emplacement même de la cathédrale. Une idée largement alimentée, dès 1420, par les écrits du chancelier de l'université de Paris, Gerson, qui, le premier, évoque l'idée d'un sanctuaire celte. Il interprète alors à sa manière un passage de la *Guerre des Gaules*, de Jules César, où l'empereur rapporte que des druides se rassemblent chaque année aux confins du territoire des Carnutes – Carnutes étant le nom qui a donné naissance à Chartres.

Le mythe a résisté au temps. Revivifié au XIXe siècle, il conserve aujourd'hui ses adeptes par-delà toutes les invraisemblances. Dans cette obstination à chercher des racines païennes à la culture chrétienne, il y a sans doute un profond besoin d'imaginaire et de spiritualité face à un monde qui n'en offre plus guère. Une tentative un peu confuse de retrouver et

< Au portail du Jugement dernier de Notre-Dame de Paris, les vices et les vertus, thème classique de l'imagerie religieuse, sont représentés dans des médaillons disposés sur deux rangs : au-dessus, les vertus brandissent un symbole héraldique (le drapeau de l'Espérance, le lion du Courage...) tandis que sous leurs pieds, les vices sont figurés dans de petites scènes pittoresques (ci-dessous, la Discorde et la Dureté). À la suite de Fulcanelli, énigmatique auteur du *Mystère des cathédrales* (lire notre Conclusion), ces différentes figures sont devenues l'objet d'intenses interprétations alchimiques. On a voulu y voir l'évocation des différentes étapes du Grand Œuvre : la chasteté figurant la calcination, l'humilité la putréfaction, la patience évoquant le soufre philosophique et la persévérance l'athanor, four à deux flammes des alchimistes. Quant à la philosophie (page 134), elle est devenue l'un des emblèmes majeurs de l'« art sacré », le symbole même de l'alchimie : elle tient deux livres, l'un, dit-on, ouvert car il contient les savoirs destinés à tous, l'autre fermé car il recèle des connaissances occultes ou ésotériques ; entre ses jambes, l'échelle à neuf degrés, dont la montée nécessite patience et modestie, signifie la transmutation de la matière lors du Grand Œuvre.

Portail du Jugement dernier, cathédrale Notre-Dame, Paris.

reconstruire nos mythologies les plus anciennes, balayées par la grande vague monothéiste. Les historiens eux-mêmes y ont cédé, notamment autour des années 1970, en pleine vague New Age. Mais malgré les divagations de quelques symbolistes modernes, le sujet ne peut se balayer d'un revers de main. Complexe, parce que les sources écrites sont inexistantes ou presque, la question d'une permanence des cultes anciens dans un monde et un art tout entiers tournés vers la figure christique est essentielle et passionnante.

Cette permanence, les médiévistes l'ont surtout explorée dans les créations de l'époque romane. Les débuts du Moyen Âge, à peine sortis des brumes de la sauvagerie, sont encore imprégnés de culture barbare. La sculpture du XIe siècle, surgie d'un néant historique et surtout artistique de plusieurs centaines d'années, semble puiser son inspiration dans le folklore et les mythologies anciennes. Avec ses créatures étirées, déformées, qui épousent les lignes et les rythmes de l'architecture, ses figures délibérément irréalistes, ses motifs géométriques répétés à l'infini, sa volonté de couvrir toute surface, elle conserve quelque chose du « goût préhistorique ». Les arabesques des chapiteaux romans où se mêlent l'animal et le végétal, les sirènes et dragons serpentiformes qui s'enroulent au sommet des colonnes s'inspirent des entrelacs fantaisistes des miniatures et des bijoux celtes, familiarisés par le monachisme irlandais, mais aussi de l'esthétique mouvante des parures portées par les cavaliers barbares qui déferlent des steppes d'Asie centrale.

On trouve aussi, dans cet art roman, que certains n'hésitent pas à qualifier de syncrétique, des figures puisées dans un autre terreau païen, Moyen-Orient parthe ou sassanide, Grèce hellénistique ou même monde byzantin. Animaux adossés ou affrontés, qu'ils soient griffons ou lions, créatures chimériques, décors en semé : ces motifs sont copiés sur les tissus précieux qui enveloppent les reliques en provenance du Levant, les tapisseries et les ivoires dont le trafic s'intensifie avec les croisades.

Mais il ne faut pas s'y tromper : les emprunts ne sont, la plupart du temps, qu'esthétiques. La figure de Daniel dans la fosse aux lions, telle qu'elle apparaît dans de nombreuses églises médiévales, a souvent été interprétée comme une réminiscence d'anciens mythes mésopotamiens tant elle semble imitée des représentations de Gilgamesh, le héros d'une des plus grandes épopées sumériennes. C'est commettre cette erreur, fréquente, de confondre imitation des formes et signification. Le symbolisme originel de la plupart des images païennes est perdu, ou plutôt recouvert, gommé par des contenus nouveaux, investi par le message chrétien.

Jacques Le Goff a exploré avec minutie le jeu subtil et contradictoire qui se joue entre culture savante et culture populaire au tout début du Moyen Âge[1]. D'un côté, une masse

[1] Jacques Le Goff, « Culture savante et culture populaire », *in Pour un autre Moyen Âge*, *op. cit.*

< À l'époque romane, les chapiteaux des églises s'ornent de nombreux motifs hérités des traditions artistiques païennes : décors végétaux et feuilles d'acanthe antiques, entrelacs celtiques, bestiaire oriental.

Chapiteau à décor végétal, cathédrale Saint-Lazare, Autun.

paysanne qui continue de pratiquer les langues barbares, celte ou germain ; de l'autre, le clergé qui monopolise la culture, notamment la culture écrite, par l'usage du latin. Entre les deux, le fossé s'élargit du Ve au VIIIe siècle. Car les savoirs laïcs, laminés par la désorganisation de la société et la fusion des peuples barbares avec les populations indigènes, régressent et, en régressant, laissent resurgir des croyances traditionnelles, primitives. Face à ce renouveau, l'attitude de l'Église sera majoritairement négative. C'est le refus de la culture folklorique. Par la destruction : temples et idoles jetés à bas, thèmes profanes proscrits de la littérature. Mais surtout par la dénaturation, un procédé subtil dans lequel l'Église se montre d'une grande habileté.

Lorsque les figures païennes sont accueillies dans le décor des églises et cathédrales, c'est avec un sens radicalement nouveau. L'ours et le dragon, deux des symboles les plus forts de l'univers populaire, se retrouvent ainsi complètement dénaturés dans leurs substituts chrétiens. L'ours est, depuis les grottes ornées de la préhistoire, l'objet d'un culte fondamental dans toutes les régions de l'hémisphère Nord. Au centre de nombreuses légendes, récits mythologiques ou rites, il est le grand personnage des traditions orales. Chef parmi les animaux, mais aussi animal parmi les hommes, il entretient avec eux des rapports étroits, violents, parfois charnels[2]. C'est la « mâle bête » des forêts, qui enlève les femmes des villageois. Il est souvent confondu avec une autre figure essentielle de nos mythologies, l'homme sauvage, représenté dans les églises couvert de poils, tel qu'il apparaît aujourd'hui encore dans le folklore des pays d'Europe centrale, où l'on voit, à la fin de l'hiver, des êtres vêtus de peaux de bêtes sortir des forêts pour fêter le renouveau de la végétation et les futures montées de sève. L'ours (*ber* en langue germanique) a donné son nom à de nombreuses villes : Bern, Berlin. Il est bestial et royal à la fois : bien des récits populaires mettent en scène des chefs qui sont fils d'ours, enfantés par une femme violée par la bête.

L'Église ne pouvait tolérer un être si pernicieux. Elle le dévalorise systématiquement[3]. Dans l'iconographie et la symbolique, il est toujours associé au Diable et aux vices : violence, lubricité, sottise, gloutonnerie. De nombreux épisodes de la vie des saints le montrent soumis et humilié. Des anecdotes sont inventées à cet effet : saint Gall lui demande de l'aider à construire un monastère, saint Amand, en route pour un pèlerinage, dompte l'animal qui vient de dévorer son âne et le ridiculise en lui faisant porter ses bagages. Diminué, évincé, il cédera peu à peu la place dans la sculpture religieuse au lion, créature à la fois biblique et exotique – donc moins dangereuse que l'indigène – intronisé nouveau roi des animaux.

[2] Sur la symbolique de l'ours, lire Michel Pastoureau, *Figures romanes, op. cit.*

[3] *Ibid.*

> Les animaux affrontés ou adossés, félins ou griffons, sont une thématique récurrente dans les chapiteaux romans, inspirée des motifs qui ornent les tissus précieux rapportés par les croisés d'Orient.

Chapiteau orné de lions affrontés, église de Gourdon, Saône-et-Loire.

Les clercs mènent au dragon la même lutte sans merci. Polyvalente, équivoque, sa figure monstrueuse hante les mythologies les plus anciennes à travers toute l'Eurasie, de l'Orient à l'Occident. Chtonien ou aquatique, solaire ou céleste, le grand serpent symbolise la plupart du temps les forces naturelles qu'il faut dompter. À la fois destructeur et fécondateur, à l'image des dangereuses et bénéfiques créatures incarnant les puissances de l'eau chez les Égyptiens. Mais l'ambiguïté, source de nombreux mythes primitifs, est étrangère à une culture cléricale profondément manichéenne, jouant sans nuances du Bien contre le Mal. L'Église réduit le symbole à un sens univoque. Le dragon devint celui des visions de l'Apocalypse, « l'antique serpent, celui qu'on nomme Diable et Satan, le séducteur du monde entier » (Apocalypse, 12, 9)[4]. Le combattre, c'est combattre le péché et le paganisme. On l'associe, comme attribut, à de nombreux saints et particulièrement à des évêques évangélisateurs – saint Clément à Metz, saint Marcel à Paris... – qui, parmi leurs hauts faits, chassent, domptent ou tuent le monstre.

L'image du dragon emprunte bientôt les codes iconographiques les plus repoussants des créatures du Mal. Comme le Diable, il est affublé d'ailes et d'une queue ; une crête lui pousse sur le dos, ses griffes sont longues et acérées, son haleine réputée redoutable, son regard terrifiant. Sur le corps de la bête, les sculpteurs tracent des lignes ondulées, qui traduisent l'idée de viscosité, fréquente dans le bestiaire diabolique[5]. Seuls les saints sont capables de le terrasser. Aux façades des cathédrales, ils le foulent aux pieds en une parabole de l'Église victorieuse des forces du Mal et des errances païennes.

La négation et la perversion des anciennes croyances ont pourtant leurs limites. La pression et la force des représentations populaires obligent parfois les clercs à lâcher du lest. Pour évangéliser, on l'a vu, l'Église a toujours su séduire. Et il lui arrive de composer, de s'adapter. Alors même qu'elle évacue le merveilleux non chrétien, elle accepte l'adoration des statues et des reliques, met en scène des processions propitiatoires, va jusqu'à se plier aux miracles à la demande. Constance de Lyon raconte ainsi, au Vᵉ siècle, comment saint Germain d'Auxerre, hébergé par des villageois, cède à leurs prières et rend la voix aux coqs devenus muets en leur donnant à manger du pain bénit.

Comme elle a recyclé les vieux symboles païens, l'Église récupère les lieux cultuels des anciennes religions[6]. Chaque province a ses fontaines et ses pierres sacrées, autrefois hantées par des déesses-mères ou des fées, aujourd'hui sanctifiées par un évêque, un ermite ou un martyr. Les collines dédiées à Mercure sont consacrées à saint Michel, messager du Ciel. Les saints, tels de primitifs esprits, manifestent leur pouvoir sur la nature : Calais, dans le désert

---

[4] La Bible, traduction œcuménique.

[5] Michel Pastoureau, *Couleurs, images, symboles. Études d'histoire et d'anthropologie*, *op. cit.*

[6] Émile Mâle, *L'Art religieux du XIIIᵉ siècle en France*, *op. cit.*

< Parmi les ennemis de la foi figurés en bonne place aux portails des églises, se trouve la Synagogue, qui symbolise l'ancienne Loi. Son iconographie ne cesse d'évoluer au Moyen Âge. Représentée avec dignité aux IXe et Xe siècles, elle apparaît humiliée à partir du XIIe siècle, époque des croisades : la prédication met alors l'accent sur la Passion du Christ, dont la responsabilité est imputée aux juifs. On la voit souvent, comme ici, sous les traits d'une femme baissant la tête, les yeux voilés par un bandeau (car elle est aveugle à la lumière du Christ), portant un étendard brisé et laissant échapper des tablettes. Elle figure à la gauche de Jésus, tandis que l'Église triomphante figure à sa droite, une couronne sur la tête.

Façade occidentale, cathédrale Notre-Dame, Paris.

du Perche, a pour compagnon un aurochs, le taureau sauvage de l'ancienne Gaule, saint Firmin fait reverdir les arbres le jour de la translation de ses reliques. Ils deviennent aussi guérisseurs : sainte Geneviève est invoquée contre la fièvre, saint Blaise contre les maux de gorge, sainte Apolline à qui les bourreaux brisèrent la mâchoire guérit des rages de dents. Sans être les successeurs directs des anciens dieux du paganisme, comme on l'a parfois dit, ils introduisent une dose de polythéisme dans le monothéisme chrétien. Bien sûr, en superposant ses sanctuaires, ses rites et ses grandes figures à des prédécesseurs païens, l'Église tente de les cacher et, d'une certaine façon, de les abolir. Mais jusqu'où va la contamination d'une culture par l'autre ? Accomplit-il un geste chrétien, ou un rite primitif, le fidèle qui, pour se protéger de la rage, applique sur sa morsure une clé bénite dans une chapelle consacrée à saint Hubert ? Quel regard porte sur la statue de saint Christophe, sculptée aux portails des églises, le passant qui croit que sa vue protège d'une mort subite ? Et que voit-il dans la figuration de l'homme sauvage, de l'ours ou du dragon que le prêtre a voulu diaboliser ? Les témoignages écrits, tous de la main des ecclésiastiques, ne donnent qu'une vision tronquée de la réalité des croyances populaires. Des historiens comme Jean Wirth les pensent largement sous-estimées, permanentes dans leur paganisme jusqu'au cœur de la société grégorienne.

^ Le capricorne, mi-chèvre, mi-poisson, animal hybride issu de la tradition astronomique antique, est ici intégré dans un programme au message profondément chrétien. Il symbolise le mois de décembre dans le vitrail dit du Zodiaque de Notre-Dame de Chartres, sorte d'immense livre d'heures enluminé par le soleil, figurant les douze mois de l'année. Au sommet de ce cycle, trône le Christ en maître du temps (Chronocrator), assis entre les deux lettres *alpha* et *omega*.

Vitrail du Zodiaque (détail), cathédrale Notre-Dame, Chartres.

Vers 1010, le pénitentiel composé par l'évêque Buchard de Worms énumère, parmi une liste de péchés détaillés avec leur punition, les rites païens qui gangrènent la société chrétienne[7]. Les pénitences et amendes qui assortissent chaque pratique montrent qu'elles ont encore, sans doute, une certaine actualité. Sont dénoncées, pêle-mêle, la confection de philtres et d'amulettes, la divination ou des pratiques plus étranges qui relèvent du culte des morts : qu'on les protège en leur glissant une hostie dans leur bouche ou qu'on s'en protège en empalant enfants morts sans baptême ou femmes décédées durant leurs couches. À travers sa description des mythes qui nourrissent ces pratiques, Buchard évoque un univers encore peuplé d'êtres fabuleux, faunes, satyres, sylves et femmes sylvestres, loups-garous, qui communiquent avec les hommes et leur transmettent parfois leurs pouvoirs.

Des croyances en totale contradiction avec le christianisme puisqu'elles accordent à des créatures païennes, à des femmes parfois, le pouvoir d'agir sur la nature et sur les êtres. Le pénitentiel s'attarde aussi sur le culte rendu aux astres et particulièrement sur les cris poussés par

[7] Jean Wirth, *L'Image à l'époque romane*, *op. cit.*

pages 143 à 147

> Homme à tête de chien (page 143), femme-oiseau et sirène se coiffant avec le peigne des prostituées (page 145), vieillard encapuchonné exhibant sa nudité (page 146), scène de lutte avec des animaux et danseur à tête de porc (page 147) : une incroyable galerie de monstres orne les quadrilobes du portail des Libraires, à la façade nord de la cathédrale de Rouen. L'historien d'art Jurgis Baltrusaitis y voit une résurgence du fantastique païen dans un âge gothique pourtant réputé sage et naturaliste ; un retour à des sources d'inspiration exotiques et païennes que l'on croyait réservées à l'art roman. Au XIIIe siècle, orfèvrerie, tissus et tapisseries orientales affluent en Europe, les ateliers du Moyen-Orient se déplacent vers l'Occident, offrant de nouveaux modèles à l'imitation des sculpteurs. D'où, selon Baltrusaitis, ces êtres composites, quadrupèdes entrecroisés et scènes de combat typiques de l'art de l'Islam qui envahissent les quadrilobes généralement sculptés de thèmes gothiques par excellence.

Quadrilobes, portail des Libraires,
cathédrale Notre-Dame, Rouen.

les paysans lors des éclipses – interprétées comme un affrontement des forces cosmiques – pour aider la Lune à retrouver son éclat. Une pratique longuement décrite par ailleurs, notamment dans un sermon de Raban Maur (776-856), et qui semble subsister dans les campagnes au-delà du XIIIe siècle.

Le renforcement et l'organisation de l'Église, déjà évoqués, le quadrillage des paroisses, la force et la cohérence du discours dogmatique vont peu à peu refouler ces mythologies primitives. Mais elles réapparaissent à plusieurs reprises dans une société médiévale traversée, comme l'a montré Jacques Le Goff[8], par de grands mouvements de réaction folklorique. C'est ainsi qu'à la charnière du XIIe et du XIIIe siècle, à Paris, mais aussi à Arles, Draguignan, Marseille, Aix, Avignon, dans presque chaque grande ville, surgissent de grands dragons d'osier promenés dans les rues lors des processions des Rogations, ces cérémonies qui se déroulent durant les trois jours précédant l'Ascension, et dont le but est d'attirer la bénédiction divine sur les récoltes. Ce sont le Grouilly à Metz, la Gargouille à Rouen, le Grand Bailla de Reims, le serpent dit Chair-Salée à Troyes. Ces dragons, même s'ils apparaissent la plupart du temps dans les légendes des saints locaux, sont bien différents de ceux que le clergé fait représenter aux façades des églises. Dans leur gueule, le peuple en joie jette fruits et gâteaux. Des offrandes propitiatoires, liées depuis la plus haute Antiquité aux cérémonies destinées à attirer les faveurs des puissances de la fécondité. Jacques Le Goff voit dans ces dragons processionnels un jaillissement de la culture populaire laïque. Loin des monstres diaboliques sans équivoque de l'Église, ils revêtent leur ambiguïté primitive. Face à eux, le peuple retrouve ses antiques démarches, elles aussi équivoques, cherchant par les offrandes non seulement à rendre la bête inoffensive, mais aussi à s'attirer la faveur des forces naturelles.

Ces courants souterrains, qui travaillent les mentalités médiévales sous la grande vague chrétienne, vont-ils jusqu'à se traduire dans l'iconographie religieuse ? Certains médiévistes, comme Jean Wirth, veulent le croire. Pour lui, tous les monstres, hybrides, créatures aux métamorphoses incessantes de l'art roman ne peuvent se réduire au seul registre diabolique. Contorsions, nudité, traits caricaturaux ou hideux : pour certaines créatures, le caractère diabolique est clairement indiqué par le sculpteur. Mais pour d'autres, les indices maléfiques manquent. Fantaisie ornementale, merveilleux profane, réminiscences mythologiques... Notre regard s'égare, aux marges de la conscience médiévale.

---

[8] Jacques Le Goff, « Culture savante et culture populaire », *in Pour un autre Moyen Âge, op. cit.*

< Labyrinthe et nef,
cathédrale Notre-Dame, Amiens.

5.1 Les labyrinthes de la Révélation

Placé aux portes des villes fortifiées, ou sur les murs des maisons de Grèce, il était censé protéger des ennemis comme des influences maléfiques ; permettant l'accès en son centre par une sorte de voyage initiatique, mais excluant ceux qui n'étaient pas qualifiés, en les perdant dans ses circonvolutions inextricables. Les mythologies européennes situent l'archétype du labyrinthe à Cnossos, dans le palais crétois de Minos où était enfermé le Minotaure. Après avoir tué le monstre, Thésée ne put en sortir qu'à l'aide du fil d'Ariane. Au XIIe et au XIIIe siècle, le motif apparaît dans la nef de nombreuses cathédrales : Chartres, Saint-Quentin, Sens, Amiens, Reims, Arras, Bayeux, Auxerre ou Poitiers. Mais beaucoup de ces labyrinthes ont été détruits, d'autres refaits avec plus ou moins d'authenticité. Tracés à même le sol, généralement au bas de la nef, en carrelage émaillé ou en pierres de couleur, ils dessinent un cheminement, de la périphérie au centre, semé de culs-de-sac. La plupart sont conçus sur un plan circulaire, mais certains peuvent être octogonaux comme ceux de Saint-Quentin ou d'Amiens, ou encore carrés. Et leur surface, comme leur développé, couvre de quelques mètres à des dizaines de mètres.

Symbole d'une richesse infinie, présent dans de nombreuses civilisations, le labyrinthe est peut-être, de toute l'iconographie des cathédrales, le motif qui a reçu le plus d'interprétations. On a dit qu'il était la signature secrète des bâtisseurs, ou encore l'image de l'œuvre alchimique, un parcours censé figurer la transmutation de l'Ego (signifiée par la mort du Minotaure) en un Soi impersonnel. À Reims, figurent aux quatre coins les noms et représentations des premiers concepteurs de la cathédrale. À Amiens, la pierre noire centrale montre l'évêque fondateur de l'édifice, Evrard de Fouilloy, et ses trois architectes, Robert de Luzarches, Thomas et Renaud de Cormond, dont les effigies, accompagnées des attributs de leur art, sont orientées vers les points cardinaux. C'est ici la figure mythologique de Dédale, constructeur du labyrinthe de Cnossos et modèle de tous les architectes, qui est convoquée. Un symbole récupéré par la franc-maçonnerie qui, en vertu d'une filiation mythique, se prétend héritière des bâtisseurs médiévaux depuis le XVIIIe siècle.

Mais les labyrinthes des cathédrales, qui ont tous en commun de n'offrir qu'un chemin possible, différant en cela de celui de Cnossos, ont surtout un sens profondément chrétien. Ils invitent le fidèle à entrer, sans crainte de se perdre. Ils étaient un substitut du pèlerinage en Terre sainte pour ceux qui n'avaient pas les moyens de l'accomplir. Les pénitents pouvaient les parcourir, de préférence à genoux, en un symbole du cheminement vers Jérusalem, mais aussi du parcours intérieur, semé d'embûches, que doit accomplir tout chrétien pour parvenir à la Révélation.

< Saint Marcel et le dragon (détail, à gauche)

**Portail Sainte-Anne,
cathédrale Notre-Dame, Paris.**

5.2 L'évêque et la bête

Dans sa verticalité imposée par les lignes du trumeau, la scène, qui figure à la porte Sainte-Anne de Notre-Dame de Paris, paraît figée, loin de la puissance du mythe primitif : saint Marcel, évêque de Paris au Ve siècle, se tient debout, écrasant sous ses pieds un dragon à la tête renversée. Dans le registre inférieur, une représentation plus énigmatique montre le buste d'une femme, émergeant d'un sarcophage, enveloppé d'un linceul.

Le sculpteur semble, à première vue, avoir fidèlement suivi le récit de Venance Fortunat qui, au VIe siècle, écrit une *Vita Sancti Marcelli* à la demande de l'évêque saint Germain. Cette hagiographie est agrémentée de nombreux épisodes miraculeux dont le dernier est celui du combat contre le serpent-dragon[9]. Le combat se passe aux alentours de Paris, plus exactement dans la basse vallée de la Bièvre, qui suit l'actuel boulevard Saint-Marcel. Fortunat raconte comment une matrone, de noble extraction mais que sa conduite adultère a condamnée aux tourments après sa mort, est visitée chaque jour dans son tombeau par un gigantesque serpent qui dévore ses membres. Averti par la famille terrifiée à la vue du monstre qui sort de la sépulture en déroulant ses anneaux et en fouettant l'air de sa queue, l'évêque décide d'intervenir. Il s'avance au-devant du serpent, se met à prier, et la bête vient lui demander son pardon, le corps tout entier suppliant. Le saint frappe alors trois fois sur sa tête avec sa crosse, le dompte en lui passant son étole autour du cou et l'emmène loin de la cité, où il lui ordonne, selon les mots de Fortunat, de « rester dans le désert » ou de « se cacher dans l'eau ».

C'est un véritable mythe de fondation que nous conte le biographe, les forces hostiles de la nature soumises à l'évêque civilisateur, au gardien de la ville, dont les reliques rejoindront la cathédrale de Paris entre le Xe et le XIIe siècle. Mais à la façade de Notre-Dame, il se réduit à un combat victorieux contre le Mal. Le programme sculpté réinterprète le texte de Fortunat, le tordant pour le faire coïncider avec le nouveau symbolisme, univoque, du dragon. La crosse ne soumet pas le monstre, elle s'enfonce dans sa gueule (la même scène apparaît à la porte des Chanoines). La mise en fuite du dragon est devenue mise à mort.

[9] Lire l'essai de Jacques Le Goff, « Culture ecclésiastique et culture folklorique au Moyen Âge : saint Marcel de Paris et le dragon », *in Pour un autre Moyen Âge, op. cit.*

< Les chimères, version nordique des griffons orientaux, et les gargouilles à tête d'animaux prolifèrent à l'époque gothique. Perchées dans les hauteurs des édifices, elles appartiennent au registre marginal de la cathédrale. Les gargouilles ont suscité de nombreuses interprétations : illustrations fidèles des textes des Psaumes selon les uns (Psaume 22, 14-15 : « Contre moi bâille leur gueule, lions lacérant et rugissant. Je suis comme l'eau qui s'écoule... »), représentations de diables condamnés à des tâches peu ragoûtantes selon les autres, elles sont, pour Émile Mâle, des créatures populaires tout droit « sorties d'anciens contes d'hiver ». Au XIIIe siècle, elles font sans doute moins peur que rire. Les gargouilles figurent d'ailleurs de plus en plus des têtes humaines grimaçantes et satiriques, évoquant des métiers ou des péchés méprisés : prostituées, bouchers ou gloutons.

Flèche,
cathédrale Notre-Dame, Amiens.

Chapitre 6

Des images dans les marges

« Il y a un moment pour tout et un moment pour chaque chose sous le ciel [...] un temps pour pleurer et un temps pour rire, un temps pour se lamenter et un temps pour danser. »

L'Ecclésiaste, 3, 1-4.

C'est une caresse sensuelle, dans la douce pénombre de l'église Saint-Gervais de Paris, à quelques pas du chœur. Une petite scène discrète, sculptée dans le bois des stalles où viennent se recueillir les moines de la Fraternité de Jérusalem. L'homme pose délicatement sa main droite sur la joue de sa compagne, tandis qu'il se glisse à ses côtés, nu, dans l'eau d'une étuve.

Plus hiératique, un couple allongé face à face, sexe contre sexe, fait l'amour sur un chapiteau de l'église Notre-Dame, à Payroux (Vienne). À Auxerre, à la façade de la cathédrale Saint-Étienne, une jeune fille nue, provocante, chevauche en amazone un bouc, dont elle soulève la queue de la main. Tandis que délibérément scatologique, chausses baissées, un tailleur de pierre offre ses fesses au baiser d'un religieux en soutane dans les stalles de l'église Saint-Hilaire, à Mortemart (Haute-Vienne).

Enlacements, exhibitions de phallus, émissions de vents et d'excréments : les églises médiévales ont leur Enfer. Images grotesques, sexuelles, obscènes. Images largement méconnues, qui ont miraculeusement survécu aux remaniements des édifices, aux coups de ciseaux des pudibonds, mais aussi à la vertueuse négation des médiévistes. « Les énormes obscénités qu'on s'est plu à signaler dans nos cathédrales n'existèrent jamais que dans l'imagination de quelques archéologues prévenus. L'art du XIIIe siècle est très chaste, étonnamment pur », écrivait Louis Mâle en 1898.

Ces sculptures sont, il est vrai, peu conformes à notre idée d'un âge puritain. Entre nous et l'homme médiéval s'interposent plusieurs écrans d'austérité, le plus opaque étant celui de la Contre-Réforme au XVIe siècle. Vers 1550, alors que la société est joyeuse, créative, rabelaisienne, elle traverse une période de grandes difficultés sociales. Guerres dispendieuses

> À l'époque romane, des personnages énigmatiques au corps nu et au visage grimaçant sont sculptés aux modillons extérieurs des églises, peut-être pour repousser les forces du Mal. Ils disparaissent généralement à l'époque gothique, où l'art des marges se fait plus discret, souvent dissimulé à l'intérieur, dans les recoins obscurs des édifices.

Cathédrale Notre-Dame, Chartres.

en Italie, mauvaises récoltes, crises de subsistance : les masses rurales et ouvrières sombrent dans la misère, les émeutes et les grèves ébranlent la société civile, prédicateurs et essayistes clament qu'il faut remettre de l'ordre ; c'est l'engrenage de l'intégrisme. Le catholicisme réformateur entre en concurrence avec le protestantisme naissant en une sorte d'émulation à l'austérité. Les historiens des XIXe et XXe siècles sont les héritiers de cette culture puritaine. Des générations d'hommes pudiques peignent des siècles sans chair, asexués, mutilés, et nourrissent, à propos du Moyen Âge, le même cliché tenace : après une période antique où règne une grande liberté sexuelle, l'époque médiévale, chrétienne, aurait brutalement aboli le plaisir. Une opposition aujourd'hui contestée[1]. Car l'Antiquité ne fut pas si permissive, ni le Moyen Âge, dans sa globalité, si répressif qu'on a bien voulu le dire.

L'idée d'une sexualité dangereuse hante déjà les mentalités antiques. Les médecins grecs et romains considèrent l'éjaculation comme une hémorragie, une perte de vitalité ; les philosophes ne pensent pas différemment, qui voient dans le coït un recul de la raison devant des forces incontrôlées, une dilution de la conscience ; pour les prêtres, il s'accompagne d'une souillure incompatible avec un acte rituel. Dans les dernières années du IIe siècle, période décisive avant le tournant du haut Empire romain vers la religion chrétienne, la société est imprégnée des rigueurs du stoïcisme, une doctrine pratiquée avec sévérité par l'empereur Marc Aurèle, fondée sur l'ascétisme et la maîtrise de soi.

Le premier christianisme, celui des moines du désert, des ermites qui prêchent la mortification de la chair pour libérer l'esprit, recueille cet héritage et l'accentue. Ces extrémistes, dont certains comme Origène vont jusqu'à se castrer, considèrent qu'en s'incarnant Dieu s'est humilié. Le corps est une prison, son horreur culminant dans la sexualité. Durant le haut Moyen Âge, l'idéal ascétique devient le fondement du monde monastique qui tente de l'imposer comme modèle idéal à toute la société chrétienne. Les manifestations les plus ostensibles comme les exaltations les plus intimes du corps sont réprimées[2] : les thermes et le théâtre hérités des Romains ont disparu, les rires et gesticulations sont réprouvés, tout comme les masques et les fards, la gourmandise devient un péché au même titre que la luxure.

Le péché originel, qui est un péché d'orgueil, un péché intellectuel contre Dieu, est devenu péché de chair[3]. Et le puritanisme exacerbé de quelques-uns le comportement « normal » de la majorité. Ce comportement est institutionnalisé avec la réforme grégorienne qui sépare clercs et laïcs. Les premiers devront s'abstenir de verser le sperme et le sang, les deux liquides corporels tabous[4] du christianisme, corrupteurs de l'âme : un ordre de célibataires se met

---

[1] Lire Paul Veyne, « La société romaine ; La famille et l'amour sous le haut Empire romain », *in Annales ESC*, 1978.

[2] Jacques Le Goff, Nicolas Truong, *Une histoire du corps au Moyen Âge*, Liana Levi, 2003.

[3] Jacques Le Goff, *L'Imaginaire médiéval*, Gallimard, 1985.

[4] Jacques Le Goff, Nicolas Truong, *Une histoire du corps au Moyen Âge*, *op. cit.*

< Au XIIIe siècle, le sexe s'expose moins qu'en l'an mil. Digéré par le message chrétien sur le Bien et le Mal, associé au Diable, il se glisse sous les pieds des grandes statues, dans les registres mineurs.

Diable au sexe exhibé, console de l'ange de l'Annonciation, portail de la Vierge, façade occidentale, cathédrale Notre-Dame, Amiens.

en place. Quant aux seconds, pas d'issue hors le mariage. Un mariage considéré comme un pis-aller – « Mieux se marier que brûler », disait déjà Paul dans les Évangiles – où la sexualité n'est licite que pour procréer, où l'homme trop amoureux de sa femme est considéré comme adultère. Les Pères de l'Église enferment le sacrement dans un réseau extrêmement contraignant d'interdits et de sanctions. Il y a les positions prohibées – l'homme, étant supérieur à la femme, doit toujours être placé au-dessus d'elle ; les pratiques interdites – fellation, masturbation, sodomie... ; il y a surtout une liste infinie de temps où il est interdit de faire l'amour : durant les trois grands carêmes qui rythment l'année, les dimanches, les jours et veilles de fête, pendant les règles de la femme ou lorsqu'elle est enceinte... Le médiéviste Jean-Louis Flandrin a montré que s'ils avaient suivi tous ces interdits, les couples dévots du VIIIe siècle ne se seraient unis que quatre-vingt-onze à quatre-vingt-treize jours par an, sans compter les périodes d'impureté de la femme[5].

Difficile d'imaginer, cependant, que l'homme médiéval respectait strictement ces austères prescriptions. Les aventures extraconjugales ponctuent l'histoire des grandes familles aristocratiques. Guillaume IX de Poitiers, duc d'Aquitaine de 1086 à 1127, menait une vie scandaleuse avec sa maîtresse Maubergeonne, vicomtesse de Châtelleroux, qu'il fit peindre sur son bouclier. Philippe Auguste (1180-1223) pratique encore la bigamie à l'aube du XIIIe siècle. Les gens du commun, soumis à la surveillance soupçonneuse du bas clergé, bénéficient sans doute de moins de compréhension et de liberté. Mais à en juger d'après les listes impressionnantes de péchés contre la chair énumérés par la littérature pénitentielle et le nombre des bâtards dans les villes comme dans les campagnes, on peut douter d'une stricte obéissance.

La sculpture des églises romanes est travaillée de ce double mouvement entre le refus autoritaire du corps et son acceptation, sinon son exaltation. Conçue dans les milieux monastiques, elle est fortement marquée par le mépris de la chair. Mais elle témoigne aussi d'une grande liberté, à propos de laquelle les historiens s'interrogent et se disputent encore. Sur les chapiteaux à l'intérieur des édifices, dans les grandes scènes de Jugement dernier, la luxure est hideusement figurée, femmes aux seins mordus par les serpents, chairs tordues d'angoisse et de douleur, visages grimaçants. Mais dehors, les corps nus s'accouplent sereinement, les sexes se montrent sans honte, des figures grivoises présentent leurs fesses ou défèquent en plein vent.

Cette imagerie sexuelle et scatologique est toujours un art des marges : elle ne figure pas dans les parties centrales de l'édifice, mais dans les espaces liminaux, frontières, sur les

[5] Jean-Louis Flandrin, *Un temps pour embrasser. Aux origines de la morale sexuelle occidentale, VIe-XIe siècle*, Seuil, 1983.

modillons[6] extérieurs, dans les zones de passage les moins fréquentées. Cette idée de marges a un sens fort au Moyen Âge[7]. Sur les cartes de l'époque, hors les limites du monde connu, les enlumineurs ne peignent que races monstrueuses et bêtes infernales. Il y a un fossé entre les lieux sûrs, tel le foyer ou le village, et les territoires extérieurs, réputés dangereux, que sont les forêts et les marais, souvent désignés sous le nom de « déserts ». Les marges, qui séparent le connu de l'inconnu, le dehors du dedans, apparaissent souvent dans le folklore comme des lieux de transformation, énigmatiques et magiques. « Le bord de l'eau, par exemple, était un lieu de révélation de la sagesse, et les esprits étaient relégués dans des "non-lieux", "entre l'écume et l'eau" ou "entre l'écorce et l'arbre". De même, le passage du jour à la nuit, de l'été à l'hiver, apparaissent comme des moments dangereux de chevauchement avec l'autre monde[8]. » Dans les édifices comme pour le corps humain, toute ouverture, entrée, tout seuil était une zone particulièrement sensible qui devait être protégée.

C'est peut-être la fonction des scènes d'accouplement et d'exhibitions qui figurent aux murs des églises romanes. Personnages ithyphalliques, femmes à la vulve écartée, animaux monstrueux introduisant leur verge dans la bouche... elles subsistent surtout dans des petits édifices de campagne, en Saintonge, dans le Sud-Ouest, ayant souvent disparu des cathédrales qui ont été profondément remaniées. Certains médiévistes imaginent qu'elles avaient une fonction « apotropaïque », c'est-à-dire de détournement du malheur. Une symbolique complexe, ambiguë, sans doute imprégnée de ces superstitions païennes encore vivaces autour de l'an mil dans les campagnes.

Dans ce vieux fonds de croyances, dont certaines remontent aux temps préhistoriques, le sexe est au centre des cultes de fécondité. Il est porteur de vie (il y avait au XIXe siècle encore, dans certaines églises, des statues représentant des saints ithyphalliques que les femmes en mal d'enfants allaient discrètement caresser). Mais, lorsqu'il est féminin, il est aussi considéré comme effrayant, dévorateur, castrateur. C'est un thème récurrent dans les civilisations les plus diverses[9]. La figure de la sirène, que l'on retrouve dans la plupart des mythologies européennes, en est un exemple. Femme belle et séductrice, elle se montre animale, horrible, lorsqu'elle dévoile le bas de son corps. Dans certaines églises romanes, elle apparaît bifide, ses deux queues écartées révélant parfois un utérus bien visible ou un coquillage qui le symbolise. D'autres figures, moins connues, appartiennent au même registre. Ainsi la « Sheela Ng Gigg » (du nom d'un lieu-dit où elle a été étudiée pour la première fois au XIXe siècle) qui s'est développée dans la sculpture irlandaise à l'époque médiévale[10]. Une femme caricaturale, souvent figurée en position frontale, grimaçant ou tirant la langue et ouvrant les

---

[6] Ornement en forme de console renversée placé sous la saillie d'une corniche.

---

[7] Sur l'art des marges, lire le passionnant ouvrage de Michael Camille, *Images dans les marges, aux limites de l'art médiéval*, coll. « Le temps des images », Gallimard, 1997.

---

[8] *Ibid.*

---

[9] Lire à ce sujet le très intéressant chapitre intitulé « L'éclipse de l'iconographie » *in* Jean Wirth, *L'Image à l'époque romane, op. cit*

---

[10] *Ibid.*

^ Une femme entrouvre les pans de son manteau pour exhiber sa monstrueuse progéniture, mi-enfant mi-chiot, en une insolente parodie de l'Immaculée Conception. La naissance d'un être difforme était, au Moyen Âge, signe de péché, notamment lié à un interdit sexuel. Ce quadrilobe figure au portail des Libraires de la cathédrale de Rouen qui, on l'a vu dans le chapitre précédent, abonde en scènes païennes et marginales. Ce portail était réputé impur, comme le rappelle l'historien de l'art Michael Camille. Un meurtre y avait été perpétré et il avait fallu déplacer le cimetière désacralisé par le sang versé. Par ailleurs, avant les libraires qui lui ont donné son nom, boursiers et prêteurs exerçaient là leur activité, commettant le péché d'usure aux portes mêmes de l'église.

Quadrilobe, portail des Libraires,

pages 160 à 166

^ Sculptées entre 1508 et 1519, les cent dix stalles de la cathédrale d'Amiens composent l'un des ensembles les plus somptueux et foisonnants qui soient parvenus jusqu'à nous. Ces sièges de bois, alignés sur deux rangs dans le chœur, étaient destinés aux chanoines. Leurs miséricordes (petites sellettes sur lesquelles se reposaient les clercs), accoudoirs, appuie-mains sont ornés de 4 700 personnages. Outre des épisodes de l'Ancien Testament (Genèse, histoire de Joseph, de Moïse [ci-dessus]...) ainsi que du Nouveau Testament (avec un large cycle consacré à la vie de Marie), ces petites figures interprètent d'innombrables scènes de la vie quotidienne, vivantes, naturalistes, cocasses ou grivoises, qui permettent d'imaginer la société amiénoise de l'époque, avec ses costumes, ses outils, ses activités économiques et domestiques : boulanger, porteuse d'eau, hortillonne lavant ses légumes dans un baquet, monnayeur frappant une pièce, chasseur, mangeur de pâté de canard, chanteur des rues, fille de joie attendant son client avec sa lanterne, ivrogne ou femme administrant une correction à son mari, munie d'un gourdin...

Stalles,
cathédrale Notre-Dame, Amiens.

cuisses pour montrer un énorme vagin qu'elle écarte des deux mains. Les Sheela dominaient généralement une porte. On retrouve le même type de représentation à Milan, où la Porta Tossa s'ornait d'un relief de femme relevant sa robe pour montrer sa vulve et brandissant à cet endroit une paire de ciseaux en une menace évidente de castration[11].

Dans ce contexte, les exhibitions de sexe à l'entrée des églises pourraient signifier une forme d'avertissement, une mesure de protection contre l'intrusion du mal. Les têtes monstrueuses et grimaçantes, que l'on voit souvent sculptées aux modillons des édifices romans, auraient eu la même fonction protectrice. Leur emplacement – en haut des murs, comme support d'éléments architecturaux – a de profondes racines dans l'histoire antique, notamment chez les Celtes qui avaient pour habitude de planter les têtes décapitées de leurs ennemis à la porte de leurs enceintes sacrées[12].

Tous les médiévistes ne sont pourtant pas d'accord avec ces interprétations « folkloriques », païennes. Pour certains, les marges des édifices romans joueraient plutôt le rôle de soupapes dans un monde où la coercition bride les ressorts les plus intimes. Ils voient dans leurs images triviales un grand défoulement, une transgression des règles pesantes édictées par les clercs, voire la libération de pulsions inconscientes réprimées par la religion. Une relecture psychanalytique séduisante, mais quelque peu anachronique. Car notre idée de la transgression n'est pas celle de l'homme médiéval.

D'autres historiens voient, quant à eux, une certaine hypocrisie ou, tout au moins, un désir de se rassurer dans ce besoin de chercher aux représentations sexuelles un principe qui serait extérieur à la sexualité, donc plus acceptable[13]. Il y a, selon le médiéviste Jean Wirth, un paganisme et un érotisme sereins au sein même de certains édifices monastiques à l'époque romane. Les chapiteaux de la nef et du chœur de l'église abbatiale Saint-Pierre-de-Mozat, en Auvergne, qui datent des environs des années 1100, sont ainsi sculptés d'une imagerie idyllique, largement inspirée des décors profanes antiques : personnages nus apparaissant dans des rinceaux de feuillages, Centaures cueillant des fruits, adolescents chevauchant des boucs évoquant les débordements du culte romain de Bacchus. Pourquoi, alors, ne pas imaginer que les figures sexuelles, grotesques ou grivoises appartiennent tout simplement à une imagerie naturelle ? L'église est le lieu où se réunit la communauté. À l'époque romane, époque libre et féconde dans le domaine artistique, tout ce qui fait partie de la vie quotidienne, les animaux et les plantes, les outils et les armes, la nourriture et la boisson sont figurés[14]. Le sexe de l'homme et de la femme pouvaient y avoir leur place.

[11] *Ibid.*

[12] Michael Camille, *Images dans les marges, aux limites de l'art médiéval, op. cit.*

[13] Jean Wirth, *L'Image à l'époque romane, op. cit.*

[14] Michel Pastoureau, *Figures romanes, op. cit.*

> Le massacre des saints Innocents.

Stalles,
cathédrale Notre-Dame, Amiens.

En comparaison, les temps gothiques se montrent plus discrets. Le programme des églises, dogmatique, contrôlé, laisse moins de place aux images marginales. Avec ses danseurs à tête de porc ou ses vieillards encapuchonnés exhibant entre leurs jambes des queues semblables à des organes génitaux hypertrophiés, l'incroyable faune, mi-animale, mi-humaine, qui figure au portail des Libraires de la cathédrale de Rouen, appartient à ce registre. Mais, de façon générale, au XIIIe siècle, les exhibitions se font rares, même si elles ne disparaissent jamais totalement : glissées dans les archivoltes, sous les pieds des grandes statues, dans des registres mineurs.

Tout autour des grandes cathédrales, le monde profane, pourtant, évolue vers une plus grande permissivité. Le grand tournant, qui se produit entre 1150 et 1250, résulte d'une multiplicité de phénomènes : croissance de l'économie, qui rend plus accessibles les plaisirs, développement du milieu urbain, et surtout lutte contre l'hérésie des cathares. Ces manichéens, les « purs » comme ils se proclamaient, étaient, d'une certaine façon, plus rigoristes que les moines : ils pensaient que le monde, œuvre du principe du Mal, était une prison. Pour éviter d'y enfermer l'âme de nouveaux enfants, ils refusaient la sexualité. La lutte contre les hérétiques amène les clercs à réhabiliter la nature, le monde, la chair et même le plaisir. Certains prédicateurs vont jusqu'à autoriser les relations intimes aux femmes enceintes. Une révolution conceptuelle.

Au même moment, le développement des villes bouleverse les anciennes règles. Une foule de jeunes célibataires afflue, attirée par la promesse d'un travail et d'une meilleure vie. Le déséquilibre entre les sexes s'accentue. Les agressions contre les femmes du peuple se multiplient, compagnons et artisans traquant les filles en bande dès la nuit tombée. Les clercs, qui sont un peu les sociologues de l'époque, sont alors amenés à autoriser et organiser la prostitution : des quartiers lui sont réservés, on construit des *prostibulum* ou maison des fillettes, ainsi que des bains publics[15]. À Paris, en 1292, il existe pas moins de vingt-six étuves. Lieux de plaisir et même de débauche, ils promettent, dans des messages « publicitaires » très explicites, des massages par de jolies jeunes filles, des lits pour se reposer où de jeunes vierges viendront offrir leurs baisers contre quelque menue monnaie.

C'est aussi l'époque où s'épanouit l'art du fabliau. Sous prétexte de dénoncer les luxurieux – au nombre desquels se comptent bien des moines et des dévotes –, le Moyen Âge chrétien s'y permet des licences extrêmes : équivoques grivoises, thèmes phalliques d'une indécence inouïe, ils sont tellement libres qu'ils vont jusqu'à se moquer de la religion. Telle l'histoire de cet évêque de la « cité de Baiures » qui ne parvient à séduire une bourgeoise de la ville

[15] Jean Verdon, *Le plaisir au Moyen Âge*, Perrin, 1996.

> **Stalles,**
cathédrale Notre-Dame, Amiens.

qu'après avoir béni son sexe[16]. Ces fabliaux ne s'adressaient pas seulement aux gens du peuple, ils furent aussi récités à la table des nobles. Les romans courtois eux-mêmes, qui fleurissent à partir des XIIe-XIIIe siècles, s'ils sont d'abord de l'ordre du sentiment, se préoccupent beaucoup du corps. Sur les étapes de sa quête du Graal, le chevalier Gauvin résiste rarement aux damoiselles. Au-delà des historiettes où des « pucelles au corps gent tastonne le chevalier errant de passage », ces œuvres peuvent être interprétées comme de véritables guides de techniques amoureuses, des techniques en partie maîtrisées par la femme, qui impose les figures, dans une relation de plaisir, explicitement non procréatrice.

Au XIIIe siècle, ces thématiques licencieuses débordent d'abord dans d'autres marges que celles des édifices religieux : les marges des manuscrits. Les images sont moins primitives, d'une grivoiserie plus élaborée que celles de l'époque romane. Elles s'accrochent aux textes religieux avec une crudité qui nous paraît aujourd'hui presque choquante. Dans le livre d'heures dit de Marguerite – une femme de l'aristocratie ou la riche bourgeoise franco-flamande qui a vécu au XIIIe siècle – figurent ainsi, au gré des prières, des scènes incroyables tel cet homme nu, juché sur une femme nue elle aussi, tandis qu'un oiseau s'attaque à son anus[17]. Les artistes repèrent dans le texte les syllabes qui se prêtent à des allusions grivoises et en jouent dans les enluminures. Mais leur violence irrévérencieuse ne s'arrête pas au registre sexuel : au bas de la page d'un missel enluminé à Amiens en 1323, un singe montre son derrière à un scribe tonsuré ; dans une page du Psautier de Rutland, réalisé en Angleterre vers 1260, un archer se saisit de la queue du « p » dans le mot *conspectu*, qui signifie « pénétrer du regard », et l'enfonce telle une flèche dans le fondement d'un homme-poisson renversé sur le dos.

Ce même registre débridé, grotesque, volontiers scatologique, se retrouve bientôt dans les églises et les grandes cathédrales, à l'endroit le plus inattendu : sculpté sous les miséricordes des stalles. Ces sellettes, qui portaient bien leur nom, offraient un soutien aux chanoines fatigués ou âgés, leur permettant, une fois relevées, de s'appuyer ou de s'asseoir durant les longs offices tout en ayant l'air d'être debout. Confinées dans les chœurs clos, soustraites à tous les regards autres que ceux des clercs, elles donnent au sculpteur l'occasion de développer en relief le répertoire marginal des manuscrits. Les scènes de genre – paysans travaillant dans les champs – côtoient les tableaux comiques – le marchand stupide portant son cheval pour traverser un cours d'eau – et les figures carrément paillardes : personnages affleurant au niveau du siège, reniflant littéralement le postérieur des moines, ou baissant leurs chausses pour offrir leur derrière à l'un de ces protagonistes baptisés du très rabelaisien nom de « lèche-cul ».

---

[16] Sarane Alaxandrian,
Histoire de la littérature érotique,
coll. « Petite Bibliothèque Payot »,
Seghers, 1983.

[17] Michael Camille,
Images dans les marges,
aux limites de l'art médiéval, *op. cit.*

< Stalles,
cathédrale Notre-Dame, Amiens.

L'art des miséricordes, qui a suscité des études passionnées[18], relève le plus souvent de l'univers populaire, de la crudité du fabliau et des chansons des goliards, ces moines défroqués et universitaires déclassés qui couraient les routes et disaient des histoires pour quelques sous. Nombre de sculptures, devenues pour nous incompréhensibles, rappellent des farces, des proverbes et des légendes de l'époque. Nous sommes dans le domaine du jeu, du rébus et du calembour.

Certains esprits bien pensants ont voulu voir dans ces petites figures une représentation des péchés au but moralisateur. Mais la mise en garde, voyeuse et séductrice, semble très ambiguë. Et « les sculpteurs laïcs qui ont créé ces figures leur ont donné des yeux brillants de vivacité et des poses effrontées que l'on ne trouve pas dans les images saintes qui se dressent rigidement à côté d'elles[19] ». Des poses bien incompatibles avec l'idée de repentance.

Comment l'Église a-t-elle pu laisser ces images iconoclastes fleurir au cœur de ses « Jérusalem célestes » ? Sans doute, comme l'ont suggéré de nombreux médiévistes, les commanditaires ecclésiastiques, s'ils déterminaient le programme de l'église selon un symbolisme rigoureux, laissaient-ils les parties non essentielles, les marges, à la fantaisie des maîtres sculpteurs. Une fantaisie qui faisait d'ailleurs partie de l'univers mental des clercs eux-mêmes, notamment les moins instruits.

Mais surtout, comme l'a magistralement montré Michael Camille[20], ces images, pour irrévérencieuses qu'elles fussent, ne remettent pas en cause le dogme. Dans les manuscrits, elles interrogent, bousculent le texte sacré, sans jamais le contredire ou le renverser. Elles s'y arriment, sans en prendre la place. Lorsqu'une nonne est figurée allaitant un singe dans les marges d'un Roman de Lancelot, elle parodie le modèle de la *Virgo lactans* (Vierge allaitant), mais en même temps elle le renforce : car l'animal, figure du mensonge et de la dissimulation, révèle le péché de la religieuse qui a trahi son vœu de chasteté. Quant aux images dévergondées des miséricordes, le message est encore plus clair : les chanoines s'assoient dessus !

Ces figures marginales nous dévoilent une culture complexe, qui ne peut se réduire à des oppositions tranchées entre sacré et profane, spirituel et matériel. Le Moyen Âge a le goût de l'ambiguïté, la profanation et le sacrilège sont nécessaires à la perpétuation de ses croyances, ils en sont la face cachée, grimaçante, mais essentielle. Sa dynamique est la tension[21]. Tension entre Dieu et l'homme, le haut et le bas, l'esprit et le corps. Le corps « abominable vêtement de l'âme » pour le pape Grégoire le Grand (540-env. 604), instrument du péché originel ; mais aussi « tabernacle du Saint-Esprit » selon Paul, lieu de

[18] Claude Gaignebet, J. Dominique Lajoux, *Art profane et religion populaire au Moyen Âge*, PUF, 1985.

[19] Michael Camille, *Images dans les marges, aux limites de l'art médiéval, op. cit.*

[20] *Ibid.*

[21] Jacques Le Goff, Nicolas Truong, *Une histoire du corps au Moyen Âge, op. cit.*

l'incarnation du Christ. La vie quotidienne des hommes du Moyen Âge, dit Jacques Le Goff, oscille en permanence entre carême et carnaval[22]. Leur quotidien est rythmé par les privations, mais leurs rêves hantés par les images idylliques du pays de Cocagne, un des rares mythes de l'époque : un monde où personne ne travaille, où les grives vous tombent rôties dans le bec, où les haies se hérissent de saucisses qui repoussent aussitôt avalées.

Ripailles contre jeûne, débauche contre ascèse : les fêtes du carnaval, avec leurs danses obscènes, appelées caroles, se mettent en place au XIIe siècle alors même que la réforme grégorienne tente de purifier les mœurs. Mais les rites d'inversion ne s'arrêtent pas à la rue. Ils entrent dans les églises. Chaque année, lors de la fête des Innocents, les enfants prennent possession de la cathédrale, élisent leur évêque, parodient la messe sous des déguisements grotesques, allument des feux de bois au milieu de la nef. Entre Noël et l'Épiphanie se déroule une fête plus séditieuse encore, qui persistera jusqu'à la Renaissance : la fête des Fous, avatar des rites païens des Saturnales où l'ordre des choses était inversé, où maîtres et esclaves se retrouvaient sur un pied d'égalité. À Beauvais, à Sens, un âne mené en procession pénètre au sein de l'église, où il est placé en honneur sur le côté gauche, celui de l'Évangile. Boudins et saucisses sont agités comme encensoirs. Tandis que les clercs, portant des masques monstrueux et des costumes indécents, se déchaînent, dansant en plein office en hurlant des chansons licencieuses. Loin du recueillement austère où elles s'endorment aujourd'hui, les cathédrales sont alors ouvertes à la vie, au monde du dehors. Avec son irrationnel, ses débordements, et ses cérémonies débridées.

22 *Ibid.*

pages 169 à 171

> Linteau de la cathédrale Saint-Lazare d'Autun, musée Rolin, Autun.

6.1 La belle Ève d'Autun

Nonchalante, le visage rêveur appuyé sur sa main droite, elle cueille, l'air de ne pas y penser, le fruit défendu de sa main gauche. À la fois pudique et provocante. Cette Ève nue figurait sur un linteau de la cathédrale d'Autun. Vendue en 1766 avec l'ensemble du tympan latéral à un entrepreneur de la ville, elle fut redécouverte par hasard dans le mur d'une bâtisse qui se trouve sur la grand-place. Elle a peut-être été sculptée par maître Gislebertus, auteur du Jugement dernier qui figure sous le porche occidental de la cathédrale. Un des seuls artistes médiévaux dont nous connaissions le nom, car il a inscrit sa signature sur son œuvre.

Cette figure féminine dégage une grâce lascive rare pour l'époque. Mais les courbes serpentines du démon se glissent partout, dans l'ondulation du corps allongé, les ondoiements de la chevelure, la végétation sinueuse. Pour les clercs médiévaux, Ève demeure la grande pécheresse. Sa beauté est celle du Diable, et chaque femme garde en elle la marque de son péché originel. Toute séduction ne peut être que vice et tromperie. Dans la première moitié du Xe siècle, Odilon, deuxième abbé de Cluny, a ces paroles d'une violence incroyable à propos des femmes : « La beauté de leur corps réside tout entière dans leur peau. Si nous pouvions voir ce qui se trouve dessous, la seule vue des femmes nous serait nauséabonde. Pensez à ce qui se tient dans leurs narines, sous leur gorge, à l'intérieur de leur ventre : partout, ce n'est que pourriture. Et nous qui répugnons à toucher du bout des doigts le plus petit morceau de boue, comment pouvons-nous désirer tenir dans nos bras ces sacs remplis d'excréments ? »

< La luxure,
chapiteau, bas-côté sud,
abbaye de Vézelay.

> Femme aux serpents, chapiteau,
église de Gourdon,
Saône-et-Loire.

6.2 Les luxurieuses

Plus souvent que gracieuse, la femme est figurée hideuse dans la sculpture romane. Créature imparfaite, elle n'est, pour les moines et les clercs, que le double inachevé, défectueux de l'homme[23]. La preuve en est que la Genèse place sa création après celle d'Adam, et même après le repos du septième jour. De là à penser qu'elle n'était pas prévue dans le plan initial de la Création...

Plus petite, moins harmonieuse que l'homme, la femme est fragile, son cerveau peu développé. Elle ne joue dans la reproduction qu'un rôle passif de réceptrice. Une imperfection du corps à laquelle correspond une imperfection de l'âme. Certains théologiens se demandent d'ailleurs si cette créature déraisonnable, soumise à ses sens, en possède vraiment une. Et si oui, de quelle nature est-elle ? Semblable à celle de l'homme ? Ou bien sensitive, comme celle des animaux ?

Avant que le visage gracieux et maternel de Marie n'envahisse l'iconographie médiévale, à partir du XIIe siècle, les figurations féminines obéissent donc à un certain nombre de codes limités et rigides. Les belles et honnêtes femmes sont représentées asexuées, les seins à peine dessinés, à tel point qu'il est parfois difficile de les distinguer des hommes. Les autres, les immorales, ont la poitrine tombante, animale. Figurées nues, les cheveux hérissés, le corps contorsionné, les seins mordus par des serpents, elles symbolisent la débauche et la luxure.

[23] Michel Pastoureau, *Figures romanes, op. cit.*

< Dans les petits édifices romans, épargnés par les remaniements et les badigeonnages à la chaux de la Réforme, se découvre encore la polychromie qui embellissait les églises médiévales. La chapelle des Moines, de Berzé-la-Ville, avait été transformée en bâtiment d'habitation rural au XIXe siècle et c'est par hasard qu'en 1887 le curé de la paroisse aperçoit un fragment de peinture sous l'enduit. La restauration met au jour un merveilleux ensemble de fresques de style byzantin, à la palette colorée. Appliquées avec délicatesse, les couleurs sont parfois nuancées par la superposition de plusieurs couches. Au-dessus des chapiteaux du chœur, dont l'abside est tout entière consacrée à une grande figuration du Christ en majesté (voir page 21), apparaissent six belles jeunes femmes, vêtues à la manière de princesses impériales, qui élèvent une lampe. Sans doute des saintes.

Écoinçons des arcatures, chapelle des Moines, Berzé-la-Ville, Saône-et-Loire.

Chapitre 7

Des couleurs gommées

« Chercher à étendre la place de la couleur dans l'église, c'est repousser les ténèbres au profit de la lumière, donc de Dieu. »

Saint Augustin (mort en 430).

Ce ne sont plus que traces. Un léger glacis bleuâtre, rongé de blanc, sur le visage des grandes statues au porche de la Mère-Dieu : Gabriel, index levé, et Marie qui penche son visage vers lui ; un trait noir surlignant le regard du Christ-Juge au tympan du Beau Dieu et, bordant sa tunique, un motif floral fané ; des nervures vert et rouge étoilant une clé de voûte dans l'une des chapelles latérales de la nef. Soupçons de couleurs, effacées, ténues. Souvenirs de couleurs. Mais il suffit qu'un rayon de soleil traverse la grande rosace au sud du vaisseau, projette ses éclats enluminés sur les piliers de la nef, les arrondis de la voûte, qu'il fasse chatoyer les dalles du sol, tels de précieux tapis d'Orient, pour que l'illusion renaisse. Brève illusion de couleurs.

Difficile d'imaginer aujourd'hui Notre-Dame d'Amiens telle qu'elle était alors, au XIIIe siècle, au cœur du Moyen Âge. C'est une œuvre de sculpture pure, d'architecture éthérée, livrant au regard des esthètes une pierre brute, nue. Elle était rutilante, ses portails bariolés de couleurs vives, dissonantes, les murs de sa nef et de son chœur peints d'ocre et de rouge, tendus de tapisseries lumineuses.

Il a fallu, ici comme à Poitiers, à Reims, Étampes, Genève, Lausanne, Saint-Jacques de Compostelle... un peu partout en Europe, attendre de récentes campagnes de rénovation pour redécouvrir ces insoupçonnables pigments. Et se persuader enfin qu'il fut un temps où les cathédrales étaient peintes. Pourtant ces couleurs avaient déjà été relevées au XIXe siècle. Mais elles ne s'accordaient pas avec la vision d'un Moyen Âge sombre, austère. Elles choquaient, surtout, un certain « bon goût » – qui est encore notre goût actuel – pour la sobriété, la matière brute et les couleurs naturelles.

> Parmi les autres sujets des fresques de la chapelle des Moines, figure aussi une Vie de saint Blaise, évêque arménien du IIIe siècle, très vénéré dans la région. Selon la légende, il défend une pauvre veuve dont le cochon va être dévoré par un loup. Persécuté, il est envoyé en prison, où la veuve vient lui offrir sur un plat la hure et les jambons de son goret (en haut). En bas, le saint apparaît à genoux, la tête décollée par un bourreau qui semble prêt à le frapper une seconde fois.

Arcature aveugle nord, chapelle des Moines, Berzé-la-Ville, Saône-et-Loire.

Pour les spécialistes de l'art, à l'époque, ne pouvait être beau que ce qui était nu. Au début du XIXe siècle, une virulente dispute avait ainsi éclaté entre esthéticiens et historiens à propos des temples grecs et romains[1]. Les premiers rêvaient l'Antiquité blanche et pure comme le marbre. Mais, sur les murs et la statuaire, les archéologues découvraient de plus en plus de traces de couleurs. En 1824, Jacques Ignace Hittorf effectuait des relevés de polychromie dans le temple de Selinonte, en Sicile. Les tenants d'un art « idéal » ne finiront pourtant par se rendre qu'après bien des débats et avec beaucoup de répugnance.

C'est la même répulsion qui se manifeste face à la polychromie médiévale. « En marbre, en albâtre, en ivoire, la sculpture est toujours la sculpture tant que la matière qu'elle entreprend d'animer conserve sa teinte native, écrit Eméric-David, en 1853, dans son *Histoire de la sculpture antique* [...]. Il n'en est pas de même d'un autre procédé usité dans tout le Moyen Âge, celui de colorier la sculpture pour lui communiquer une apparence plus trompeuse de la vie. Alors cet art manque totalement son but et ne manifeste que son ignorance. » L'un des plus ardents défenseurs de la polychromie, Viollet-le-Duc, redonne leurs pigments à plusieurs églises, dont la plus belle, la plus complète, est la Sainte-Chapelle, à Paris. Mais nombre de conservateurs et restaurateurs entreprendront de brutales opérations de décapage qui nous privent définitivement de cette vision authentique d'un Moyen Âge vibrant de couleurs.

Car le Moyen Âge aime la couleur. La couleur éclatante. Barbare. Elle s'étale sur toutes les surfaces, tous les objets. Ainsi, les aliments, teintés grâce aux épices dont il est alors fait grand usage, mais aussi, artificiellement, de nuances aussi surprenantes que le bleu. « Ainsi également, tous les cuirs et toutes les fourrures. Ainsi la cire, l'ivoire, l'os, la corne. Ainsi la pierre et les métaux. Ou encore le pelage de certains animaux (chiens, chevaux, faucons dans les milieux princiers), voire celui des êtres humains. Cheveux et barbes sont fréquemment teints pendant le haut Moyen Âge, parfois des couleurs les plus inattendues. De même que la peau, celle des hommes comme celle des femmes, a toujours fait l'objet de soins colorés, pour des motifs à la fois esthétiques, symboliques ou thérapeutiques[2]. »

Dans les jardins, on marie les légumes, les fruits et les fleurs : lys blancs, roses rouges, ancolies ou bleuets. Les châteaux, que l'on connaît aujourd'hui froids et austères, sont décorés de blasons enluminés, animés de bannières colorées, leurs murs et sols couverts de fresques, de tentures mobiles, de tissus et de tapis. Les maisons et grands bâtiments civils, qu'ils soient de pierre ou de bois, sont peints, leurs tuiles glaçurées de teintes vives, les bardeaux et ardoises polychromes, les ornements de faîtages ajourés... La ville est symboliquement le lieu de la lumière et de la couleur par opposition à la campagne : parce qu'elle est un espace de vie, d'animation, chaleureux et créatif, rassurant.

---

[1] Willibald Sauerländer, « Quand les statues étaient blanches », *in La Couleur et la pierre. Polychromie des portails gothiques*, Actes du colloque, Amiens 12-14 octobre 2000, Agence régionale du patrimoine de Picardie, Éditions A. et J. Picard, 2002.

[2] Michel Pastoureau, *Couleurs, images, symboles*. Études d'histoire et d'anthropologie, *op. cit.* Ce chapitre doit beaucoup aux travaux de cet historien, spécialiste de l'histoire de la symbolique occidentale, des emblèmes et des codes sociaux, qui a consacré de nombreux travaux à la couleur.

> Chef-d'œuvre du roman tardif, reconstruite au XIIe siècle à la place d'un sanctuaire primitif, l'église Saint-Pierre de Brancion, en Bourgogne, est en partie ornée de fresques qui furent restaurées à partir de la fin des années 1930. Le paradis est ici représenté par Abraham tenant les coins d'un linge où s'enfouit un groupe d'élus.

Troisième travée, église Saint-Pierre, Brancion, Saône-et-Loire.

Il y a en effet, derrière cette fantasmagorie polychrome, la peur de la nuit, des ténèbres, la quête de la clarté qui est salut[3]. Pour l'homme médiéval, la couleur est bien de même essence que la lumière. Et la théologie de la lumière – manifestation visible de la présence divine – est aussi théologie de la couleur. Les saints, dit l'*Elucidarium* (traité de théologie rédigé vers 1100 par Honorius Augustodunensis), ressusciteront lors du Jugement dernier avec des corps de couleurs diverses selon qu'ils furent martyrs, confesseurs ou vierges.

La polychromie pénètre dans les églises en même temps que le culte des images, après le IIe Concile de Nicée, en 787. Mais, comme les images, les couleurs soulèvent des débats passionnés au sein de l'Église, notamment lors du violent conflit esthétique qui oppose Bénédictins et Cisterciens durant la première moitié du XIIe siècle[4]. Les premiers usent largement de la polychromie. Suger, le lumineux inspirateur de Saint-Denis, couvre de couleurs les sols, les murs, les fenêtres, les tentures et les charpentes de sa basilique. Toute la sculpture et l'architecture. Mais d'autres théologiens, comme Bernard de Clairvaux, récusent la pensée commune. Pour eux, la couleur n'est pas lumière, elle est matière : « C'est une enveloppe qui habille les corps et les objets, une substance trompeuse, un artifice inutile et immoral qui gêne le contact entre l'homme et Dieu[5]. » Bernard ne s'offusque pas de son déploiement dans les cathédrales, qui sont destinées aux fidèles incultes, mais il la refuse dans les monastères, dédiés à la prière. Les constructions cisterciennes, pures et dépouillées, laissent voir la pierre à nu. La lumière y pénètre, blanche, à travers des vitraux non teintés. Certains pourfendeurs de la polychromie vont jusqu'à invoquer l'étymologie rattachant le mot *color*, « couleur », à la famille de *celare*, « cacher » : la couleur, c'est ce qui cache la vérité. Mais ils seront toujours minoritaires jusqu'à l'avènement de la Réforme au XVIe siècle, et son austère refus de la polychromie.

Attraits pour les sens et pour l'esprit, la couleur est à la fois plaisir et signe au Moyen Âge. Comme toutes les manifestations de la nature, elle cache derrière son évidence une autre réalité. Mais celle-ci est difficile à percevoir pour notre regard contemporain, car les couleurs de l'homme médiéval ne sont pas les nôtres, sa palette s'organise sur d'autres axes, d'autres échelles. Pour lui, le bleu est chaud. Et lorsqu'il regarde un arc-en-ciel, il ne voit pas notre prisme, qui n'a pas encore été découvert par Newton ; il ne distingue, le plus souvent, que du rouge, du jaune-vert et du sombre.

[3] Jacques Le Goff, *La Civilisation de l'Occident médiéval, op. cit.*

[4] Michel Pastoureau, « Morales de la couleur. Le chromoclasme de la Réforme », in *La Couleur : Regards croisés sur la couleur, du Moyen Âge au XXe siècle*, Actes du colloque à l'université de Lausanne, 25-27 juin 1992, Léopard d'or, 1995.

[5] *Ibid.*

ihs

< De nombreux éléments architecturaux étaient rehaussés de couleurs. Ici, une clé de voûte ornée d'un cavalier. Il évoquerait le voyage, ou bien le mois de mai, temps seigneurial de la chasse et des expéditions guerrières.

Ancienne collégiale Notre-Dame (XIIIe siècle), Semur-en-Auxois, Côte-d'Or.

C'est que le haut Moyen Âge a hérité de la très vieille organisation ternaire des couleurs[6]. Une organisation qui remonte à la préhistoire et se construit autour de trois pôles : le blanc, le rouge et le noir. Le blanc désignant alors ce qui est propre, le noir ce qui est sale et le rouge ce qui est coloré. Cette « palette » et ses évolutions ont surtout été étudiées dans le domaine du textile, notamment par l'historien Michel Pastoureau[7]. À l'époque romaine, lorsque les teinturiers veulent donner une couleur à un tissu, ils recourent le plus souvent à la vaste gamme des tons rouges, qui va alors de l'ocre pâle et du jaune orangé au vermillon, à l'incarnat ou au grenat. Les matières qui donnaient ces teintes – et notamment le précieux murex, mollusque marin dont l'Antiquité tirait la pourpre – étaient celles qui imprégnaient le mieux les fibres, obtenaient les effets les plus riches et les plus profonds. Le premier Moyen Âge donne lui aussi la primauté au rouge, couleur la plus prestigieuse dans le costume comme dans l'art. Longtemps, tous ses systèmes symboliques et ses codes sociaux se construisent autour d'une double opposition entre le blanc (clair) et le noir (sombre) d'une part, et le blanc (fade) et le rouge (coloré) d'autre part. Le bleu et le vert ne sont alors que des noirs particuliers.

À partir du XIIe siècle, cette organisation se trouve incroyablement bouleversée. C'est une véritable révolution qui va instaurer, à terme, un système de six couleurs (blanc, jaune, rouge, vert, bleu, noir), avec de nouveaux codes symboliques : la « révolution du bleu » dont a si bien parlé Michel Pastoureau[8]. Cette couleur n'avait jusque-là qu'un rôle mineur aussi bien sur le plan symbolique qu'esthétique. Un discrédit né dans l'Antiquité : les Romains l'associaient à la barbarie, notamment aux Celtes et aux Germains, non seulement parce que ces peuples avaient les yeux bleus, mais parce qu'ils avaient coutume de peindre leur corps de cette couleur avant le combat. Or, peu à peu, dans l'iconographie, la Vierge, le plus souvent vêtue de teintes sombres liées au deuil – noir, gris, brun, violet... –, est de plus en plus fréquemment figurée avec un manteau ou une robe bleus. Une teinte qui se fait franche, lumineuse. La mère affligée de la Crucifixion est devenue reine du Ciel.

La couleur connaît alors une forte promotion dans le domaine des arts : les peintres verriers viennent de mettre au point le fameux bleu de Chartres, les enlumineurs aiment à faire alterner fonds rouges et fonds bleus[9]. Son succès gagne le vêtement. Jusque-là, les teinturiers étaient incapables d'obtenir des étoffes bleues autrement que délavées et ternes. Elles étaient réservées aux vêtements de travail des paysans. Puis les techniques évoluent, les artisans apprennent à fabriquer un bleu éclatant et saturé à partir, notamment, de la guède, une plante crucifère qui fera bientôt la fortune des négociants en draps d'Amiens

[6] Michel Pastoureau, *Couleurs, images, symboles.* Études d'histoire et d'anthropologie, *op. cit.*

[7] *Ibid.*

[8] Michel Pastoureau, *Bleu : histoire d'une couleur*, Seuil, 2000.

[9] Michel Pastoureau, *Les Couleurs de notre temps, op. cit.*

pages 182 à 184

> Depuis 1999, chaque soir d'été, la cathédrale d'Amiens retrouve ses éclatantes couleurs médiévales grâce à un extraordinaire programme d'illumination, créé par Skertzo. La reconstitution de la polychromie a été réalisée avec beaucoup de rigueur grâce à l'étude des rares traces encore visibles sur certaines statues et quelques éléments architecturaux. La nature des pigments et leur distribution ont été finement analysées, avant qu'ils soient numérisés, traduits en lumière et testés sur la pierre. Un travail de précision, complété par de difficiles recherches documentaires : il n'existe aucune représentation d'époque figurant une cathédrale peinte et les travaux scientifiques sont encore balbutiants. Le portail ayant été repeint à de nombreuses reprises, en fonction des modes, plusieurs reconstitutions possibles ont été proposées. Un éclairage multidirectionnel permet d'illuminer simultanément toute la façade. Sur laquelle est ajouté, pour plus de réalisme, un éclairage lunaire, froid et mouvant.

Portail du Beau Dieu,
cathédrale Notre-Dame, Amiens.

< **Portail de la Vierge, ébrasement droit, cathédrale Notre-Dame, Amiens.**

et participera largement à la construction de sa cathédrale[10]. Il fait son apparition dans les vêtements de cérémonie civils, les costumes princiers, remplace le rouge et devient rapidement la couleur préférée de l'Occident – ce qu'il est aujourd'hui encore. En hommage à la Vierge, protectrice du royaume, le bleu est même choisi par les rois de France qui adoptent pour leurs armes l'azur semé de lys. Dans les pays rhénans, certains marchands de garance – une plante herbacée dont la racine fournit un colorant rouge –, ruinés par la grande vague bleue, vont jusqu'à demander aux peintres de fresques et de vitraux de peindre les diables de cette couleur afin de la discréditer. En vain.

Le goût pour le bleu ne tient pas seulement à ses nuances et différents tons, il vient de sa luminosité et de sa profondeur. Car une belle couleur, pour l'homme du Moyen Âge, est une couleur saturée, franche, intense. Un rouge et un bleu de grande densité sont plus proches l'un de l'autre qu'un bleu profond et un bleu délavé. Un beau et riche vêtement, de prince ou de prélat, est un vêtement dont l'étoffe est imprégnée en profondeur. Les vilains n'ont droit qu'à des tissus ternes, grisâtres. La couleur est signe, elle est aussi morale[11]: chacun doit porter celle qui correspond à son état, se vêtir ni trop pauvrement – ce qui serait l'expression de sa déchéance –, ni trop richement – ce qui serait faire montre d'orgueil. Certaines teintes, parce qu'elles sont trop voyantes, mais aussi parce qu'elles sont obtenues par des pigments précieux, sont interdites aux catégories sociales les plus modestes.

La couleur a aussi ses tabous. Les mélanges sont prohibés[12]. Le Moyen Âge chrétien hérite en cela des interdits bibliques, formulés dans les commandements du Seigneur à Moïse : « N'accouple pas deux espèces différentes de ton bétail ; ne sème pas dans ton champ deux semences différentes ; ne porte pas de vêtement en étoffe hybride, tissée de deux fibres différentes » (Lévitique 19, 19). Une interdiction reprise presque mot à mot par le prophète dans le discours qu'il prononce devant son peuple à l'entrée de la Terre promise (Deutéronome 22, 11). Au Moyen Âge, chaque teinturier travaille une seule gamme. Ceux du bleu n'ont pas le droit de faire du rouge. Dans certaines villes de la France méridionale, ils se divisent même en teinturiers de guède, de pastel et d'indigo, les différentes plantes utilisées pour obtenir cette couleur. Puisqu'ils ne s'essaient jamais aux mélanges, les hommes d'alors ont les idées les plus étranges. Comme de croire que le noir et le blanc donnent du rouge... ou qu'un Européen et une Africaine, s'ils conçoivent ensemble un enfant, auront un rejeton à la peau rouge ou à damier noir et blanc !

La quête des peintres, comme celle des teinturiers, sera donc la couleur pure, unie. Toute surface tachée, compartimentée, est signe de transgression. Dans les vêtements, les rayures

[10] Lire le très beau livre d'Anne Egger, *Amiens, la cathédrale peinte*, Perrin, 2000.

[11] Michel Pastoureau, *Couleurs, images, symboles*, *op. cit.*

[12] *Ibid.*

sont interdites aux clercs et aux honnêtes gens ; tandis qu'on les prescrit à certaines catégories d'exclus ou de réprouvés, comme les bourreaux ou les lépreux. Dans l'iconographie, leur emploi est toujours signe de transgression sociale : elles distinguent les femmes de mauvaise vie des nobles dames, désignent les traîtres et les hérétiques. Le bariolage est, quant à lui, banni.

Et puis il y a les mauvaises couleurs, celles qui signalent les exclus, les réprouvés, les marginaux. Le jaune, surtout. À la fin de l'Antiquité, c'est une teinte recherchée, voire sacrée. Au Moyen Âge, elle ne cesse de se dévaloriser[13]. Elle est la couleur de la fausseté et de la trahison, celle des juifs – à qui Louis IX, en 1269, prescrit de porter une rouelle jaune comme signe de reconnaissance –, des chevaliers félons, des parjures et des faux-monnayeurs dont la maison était peinte en jaune au XIVe siècle. Dans les images et les vitraux, elle est la couleur de la Synagogue et celle de Judas, souvent représenté portant un vêtement jaune et affublé d'une chevelure rousse, mélange de jaune et de mauvais rouge. Car le rouge, pourtant si recherché, a aussi son côté sombre.

La symbolique des couleurs, à l'époque médiévale, est, comme toute symbolique, ambivalente, complexe. Chaque gamme de teintes peut être bonne ou mauvaise, elle ne se définit pas dans l'absolu, dépendante qu'elle est des relations qu'elle entretient avec les autres. Ainsi le vert. Cette teinte, la plus difficile à reproduire et à fixer, est considérée comme instable : elle est le signe de la transgression, du malheur et de la jalousie. Les peintres verriers l'appliquent au démon avant sa chute. La sculpture romane l'utilise pour recouvrir le corps des serpents et des dragons, dont elle renforce l'aspect démoniaque et répulsif. Mais elle est aussi couleur de la chance, de la jeunesse et de la croissance, de l'espérance. La croix du Christ est ainsi souvent colorée de vert, dans les vitraux, car cette croix, selon la tradition, serait faite de l'arbre de Vie.

Longtemps, les clercs seront seuls maîtres de la couleur, de ses pratiques et de ses enjeux. Ils en gèrent et manipulent tous les codes. Ce sont eux qui déterminent la polychromie des édifices religieux. Une polychromie conçue en même temps que l'architecture. Depuis Isidore de Séville (VIIe siècle), la construction médiévale consiste en effet en trois étapes distinctes mais indissociables[14] : le tracé du plan, l'élévation des murs et l'ornementation. L'architecte est responsable de la structure et du bâti de l'édifice, mais aussi de sa « mise en beauté », de l'élégance de son décor et de la variété de ses couleurs. Un plan de façade de la cathédrale de Strasbourg sur parchemin, datant des environs de 1250, montre des sculptures ainsi que certains éléments d'architecture rehaussés de pigments. La polychromie fait bien partie intégrante du projet.

---

[13] *Ibid.*

---

[14] Anne Egger, *Couleurs de la cathédrale,* catalogue de l'exposition, Église Saint-Germain d'Amiens, 2001.

Toutes les figures des portails sont peintes[15]. En bas- et haut-relief, en ronde-bosse. Les statues-colonnes, comme les petits personnages des archivoltes et des voussures. Et chacun des éléments qui les relient. Les vêtements sont couverts de teintes vives, enrichis d'ornements et de motifs floraux. Le rythme des plis et les différences des drapés, selon les tissus, sont accentués. À Notre-Dame de Paris, les statues colorées du portail se détachaient sur un fond d'or en un ensemble somptueux qui subjuguera, au XVe siècle, Martyrius, un évêque d'Arménie pourtant habitué aux magnificences de l'art oriental[16].

Jaune, bleu franc, rouge vif, vert cru. La juxtaposition, violente, nous étonne aujourd'hui. La polychromie recouvre et occulte parfois un travail de taille et de polissage soigneusement exécuté. C'est que le Moyen Âge, contrairement à notre époque, n'a pas le goût des matériaux bruts, en dehors de l'orfèvrerie. La tâche du peintre n'est pas soumise à celle du sculpteur, il ne cherche pas à la sublimer, mais à produire un effet d'illusion[17]. À la façade des portails, les grandes figures s'animent. « La couleur, complémentaire de la forme, permet des ajustements optiques. Elle suggère les modelés, souligne les yeux, accuse l'expressivité des visages esquissés au burin et différencie les figures[18]. » Pupilles, cernes, sourcils surlignés de noir : les yeux offrent un vrai regard au peuple des fidèles, créent avec lui une relation directe, presque intime.

La couleur donne vie aux statues. En cet âge où beauté est synonyme de bonté, elle renforce leur rayonnement et leur pouvoir spirituel. Mais elle participe aussi à la fonction pédagogique de l'image, à l'émotion qui, du visible, conduit le fidèle à l'invisible. Le portail sud de la collégiale Notre-Dame-du-Fort (XIIIe siècle), à Étampes, met ainsi en scène une ascension divine qui devait fortement impressionner les esprits[19]. Le fond du tympan, sur lequel figure le Christ debout au milieu de quatre anges, est peint d'une couleur très claire qui le rejette loin en arrière. Le sentiment de profondeur est accentué par la sculpture qui creuse des ombres dans les ondulations du ciel et sous les ailes des anges mais aussi par les bandeaux rouges qui encadrent la scène. C'est en effet cette couleur intense qui a été choisie pour les chapiteaux et le linteau où figurent les Apôtres. Inscrit sur cette scène lointaine, le Christ, vêtu d'un manteau bleu, signe de royauté, est projeté en avant. L'effet d'apparition est souligné par les auréoles des anges qui sont couvertes de feuilles argent. « Le sculpteur a induit de façon plastique, et avec l'aide de la couleur, un sentiment de contemplation en rejetant les Apôtres et autres personnages au rang de témoins, au même niveau que le spectateur[20]. »

[15] *Ibid.*

[16] Émile Mâle, *L'Art religieux du XIIIe siècle en France*, *op. cit.*

[17] Roland Recht, *Le Croire et le Voir, L'art des cathédrales (XIIe-XVe siècles)*, *op. cit.*

[18] Anne Egger, *Amiens, la cathédrale peinte*, *op. cit.*

[19] Emmanuel Caillé, « Couleur et iconographie, l'exemple du portail sud de la collégiale Notre-Dame-du-Fort à Étampes », *in La Couleur et la pierre. Polychromie des portails gothiques*, *op. cit.*

[20] *Ibid.*

Les restaurateurs n'ont pas seulement trouvé des traces de pigments sur les sculptures qui ornent les portails. Ils en ont relevé jusque dans les hauteurs des églises. Est-ce à dire que toute l'architecture extérieure était polychrome ? Les indices sont bien maigres pour répondre vraiment à cette question. Viollet-le-Duc, pourtant ardent défenseur de la couleur médiévale, imagine mal des façades de 70 mètres de haut sur 50 de large couvertes de peinture. « Ainsi, à Notre-Dame de Paris, écrit-il, les trois portes avec leurs voussures et leurs tympans étaient entièrement peintes : les quatre niches reliant ces portes, et contenant quatre statues colossales étaient également peintes. Au-dessus, la galerie des rois formait une large litre toute colorée et dorée. La peinture, au-dessus de cette litre, ne s'attachait plus qu'aux deux grandes arcades avec fenêtres sous les tours et à la rose centrale qui étincelait de dorures. La partie supérieure, perdue dans l'atmosphère, était laissée en ton de pierre[21]. » Mais on peut imaginer que, lors de leur édification, les églises étaient entièrement recouvertes, ne serait-ce que pour protéger la pierre. Ensuite, seuls les portails devaient être repris régulièrement, ce qui était d'ailleurs l'occasion de remettre leurs couleurs au goût du jour, au gré des modes mais aussi des évolutions symboliques. Sur la robe de la Mère-Dieu, à la façade de la cathédrale d'Amiens, les analyses ont révélé la présence de vingt-six couches de peinture différentes. La Vierge dorée du portail sud en portait, quant à elle, vingt-trois, du bleu médiéval à l'or du XVIIIe siècle puis au blanc du XIXe siècle, lorsqu'elle incarne l'Immaculée Conception.

À l'intérieur des édifices, la polychromie a laissé des traces plus tangibles. Et c'est bien une polychromie totale, globale. Aucune pierre n'est laissée à nu, jusqu'aux nervures, aux fenêtres, aux éléments portants, aux colonnes, aux voûtes mêmes qui sont, à Amiens, recouvertes de rouge. Les murs disparaissent le plus souvent sous un décor couvrant, enduit pâle, presque neutre. Chartres conservait suffisamment de traces de ce décor pour que l'on puisse le reconstituer : monochrome, fait d'ocre jaune et de blanc, il simulait un faux parement de pierres dont les joints étaient marqués par un liseré. Un faux parement qui dissimulait le vrai. Véritable hérésie pour notre regard moderne si sensible au beau travail des tailleurs de pierre, à la sensualité de la matière brute.

Ces enduits, dont on a retrouvé des traces à Lausanne, Saint-Denis, Amiens, Reims, Soissons, et en bien d'autres endroits, avaient peut-être été conçus, au départ, pour cacher des imperfections dans l'appareillage et harmoniser l'intérieur des édifices, car il arrivait que les pierres utilisées pour la construction soient peu solides ou de teintes différentes. Mais à partir du XIIe siècle, ils continuent à se répandre largement, alors même que les matériaux

---

[21] Eugène Viollet-le-Duc, *Dictionnaire raisonné de l'architecture française du XIe au XVIe siècle*, A. Morel éditeur, 1854-1868.

ci-dessus et pages suivantes

^ Fuyant, difficile à reproduire et à fixer (il ne s'obtiendra en mélangeant du jaune et du bleu qu'au XVIIe siècle), le vert est l'une des couleurs les moins appréciées du Moyen Âge. Il est souvent associé aux images du mal et du malheur, de la transgression, du désordre, de la jalousie ou de la folie : écailles vertes des dragons, costume des jongleurs ou des bateleurs, des fous ou des bouffons, peau émeraude du démon. On voit ci-contre la créature satanique attaquer saint Martin sur son lit de mort tandis qu'un ange le protège. Mais comme toutes les couleurs au Moyen Âge, le vert est ambivalent et peut revêtir une valeur positive. Il signifie alors la vigueur, la croissance, et même la fortune et la chance. Dans les vitraux des églises, la croix qui porte le Christ est parfois colorée de vert, symbole du bois vivant (pages suivantes). Une croyance médiévale voulait en effet qu'elle soit faite de l'arbre de Vie qui poussait dans le jardin d'Éden.

Vitrail de Saint-Martin, déambulatoire, cathédrale Notre-Dame, Chartres.

pages 190-191

Vitrail de la crucifixion, déambulatoire, cathédrale Notre-Dame, Chartres.

< La Sainte-Chapelle, à Paris, est sans doute, parmi les grands édifices religieux, celui dont la polychromie a été la plus complètement restituée. C'est une restauration « archéologique », scrupuleuse et scientifique, qui est entreprise à partir de 1840. L'église a été fortement endommagée par des incendies successifs, mais aussi par les exactions des révolutionnaires qui voyaient en elle un symbole de la royauté et de la religion. Viollet-le-Duc est le conseiller des architectes qui se succèdent sur un chantier long de vingt-huit années. Les fragments de l'ancien décor sont réunis et étudiés, les traces de polychromie relevées par l'architecte Félix Duban lui permettent de proposer une restitution la plus fidèle possible. Le soubassement qui ne montrait aucun décor est simplement peint d'une fausse tenture de couleur neutre pour rehausser l'éclat des grandes verrières.

Chapelle haute, Sainte-Chapelle, palais de la Cité, Paris.

sont parfaitement taillés et assemblés. Ils participent à l'accentuation des effets visuels, à la mise en scène illusionniste qui se joue dans la nef et le chœur. À Chartres, le rythme des faux joints qui recouvraient murs, piles et voûtes diminuait du bas vers le haut, accentuant l'impression d'éloignement des parties supérieures de l'église et, donc, sa verticalité. Les travaux de restauration de la cathédrale Saint-Pierre de Genève, dans les années 1980, ont mis au jour un décor d'une grande sobriété, mais lui aussi très efficace : l'ensemble du parement intérieur est couvert d'un fond de couleur ocre jaune très clair, classiquement divisé par un système de faux joints blancs. Les deux travées occidentales, elles, sont peintes d'un ton plus sombre. « S'impose ainsi pour le fidèle qui pénètre dans l'édifice l'illusion d'une cathédrale revêtue de blocs de calcaire blond régulièrement appareillés ; la coloration plus sombre voulue pour les deux travées occidentales le pousse à poursuivre son chemin vers l'est où les parois sont plus claires, et vers le chœur où les dimensions et la densité plus grandes des baies permettent à la lumière de pénétrer en force dans le sanctuaire[22] ».

Sous ces enduits de couleur qui cachent la pierre et jouent avec les structures même de l'architecture, la cathédrale devient un espace truqué, dématérialisé. Mais aussi, selon le joli mot d'Anne Egger, une « lanterne magique[23]. » Car, au rythme du jour et du soleil, la couleur claire, dorée de la nef s'anime de tous les reflets précieux des verrières. Les couleurs, féeriques et mouvantes, joyeuses, se projettent sur les sols et les murs, se glissent à l'arrondi des colonnes, entre les pleins et les vides de l'architecture, palpitent sur la joue d'une statue. Éclats de bleu, de rouge et de vert : toutes les pierres précieuses de la Jérusalem céleste s'illuminent dans la pénombre de la nef. Elles trouvent leur écho dans les somptueux objets liturgiques qui ornent l'autel, les riches tapis d'Orient qui couvrent le sol, les tapisseries accrochées dans le chœur, les tableaux et les tentures de lin, brodées de motifs floraux ou animaliers, qui animent les murs, les voiles de soie qui couvrent les autels et les reliquaires. L'espace est tout entier saturé de couleurs. Comme il ne le sera plus jamais.

À partir du XIVe siècle, la polychromie commence à s'estomper dans les églises. L'époque est sombre : la peste noire tue 25 millions d'Européens entre 1346 et 1353, les famines et les calamités de la guerre de Cent Ans épuisent les hommes et les ressources. Les teintes onéreuses sont interdites dans le vêtement, comme dans l'art. On préfère désormais les simples rehauts de couleurs, la dorure des seules lignes et arêtes, les effets de grisaille[24]. Du moins

[22] Théo-Antoine Harmanès, « Goût et dégoût de la couleur : remarques sur la polychromie monumentale en Suisse occidentale », *in La Couleur : Regards croisés sur la couleur, du Moyen Âge au XXe siècle, op. cit.*

[23] Anne Egger, *Amiens, la cathédrale peinte, op. cit.*

[24] Michel Pastoureau, « Morales de la couleur. Le chromoclasme de la Réforme », *in La Couleur : Regards croisés sur la couleur, du Moyen Âge au XXe siècle, op. cit.*

en France et en Angleterre. Car en Allemagne, en Pologne, en Italie ou en Espagne, la couleur reste très présente. Puis c'est la grande vague noire de la Réforme, au XVIe siècle[25]. Qu'elle fut iconoclaste, on le savait. Mais elle est également « chromoclaste ». Pour Calvin, la couleur est luxe et péché. La polychromie des statues en fait des idoles. Les églises réformées sont badigeonnées à la chaux, les décors écaillés, grattés, recouverts. Lors de la grande vague de « nettoyage » de l'année 1562, même les tombeaux de prélats angevins et poitevins autrefois magnifiquement peints sont entièrement décolorés. La Réforme valorise le noir. Dans le domaine du culte, mais aussi de la morale sociale, du vêtement. Alors que l'image médiévale était une image en couleurs, les protestants s'appuient largement sur le livre et diffuse la gravure, technique nouvelle, à grande échelle, à des fins de propagande.

Après avoir vibré de tous les rouges, les bleus et les verts, des teintes les plus lumineuses et les plus intenses, la sensibilité de l'Occident bascule dans le noir et blanc. Un noir et blanc scientifiquement exclus de l'ordre des couleurs en 1666 par Newton. L'austérité envahit de plus en plus les édifices catholiques. Bousculée par la grande vague réformatrice, l'Église tente un retour vers une religion épurée, originelle. La Contre-Réforme badigeonne à son tour de blanc les murs et les sculptures des grandes cathédrales, allégeant les surcharges du décor gothique.

Dans le vêtement, la tendance va aussi vers l'austérité. Peu à peu, le noir catholique rejoint le noir protestant. Les teinturiers ont appris à lui donner de la profondeur, il devient la couleur des princes d'Espagne, gagne toutes les cours européennes du XVIe au début du XVIIIe siècle. Mais il se confond de plus en plus avec le noir humble et monastique hérité des morales médiévales. Et se retrouve la couleur la plus employée dans le vêtement européen, jusqu'à aujourd'hui.

Dans ce refus de la couleur, la découverte du Nouveau Monde, de ses temples mayas ou aztèques a peut-être aussi joué un rôle. Des temples que ces civilisations sanguinaires, où se pratiquait le sacrifice humain, peignaient de rouge vif. Le premier geste des Espagnols, en les découvrant, fut de les badigeonner de blanc. En réaction à l'horreur que leur inspiraient ces monuments païens, les conquérants, revenus en Europe, ont peut-être, à leur tour, inspiré un retour à plus de monochromie[26].

Le goût a changé. Au XVIIIe siècle, la couleur est définitivement barbare. Les chanoines font retirer une partie des verrières historiées dans les cathédrales, les remplacent par des verres blancs, sous prétexte de mieux laisser entrer la lumière. La « lanterne magique » s'est éteinte...

---

[25] *Ibid.*

[26] Anne Egger, *Couleurs de la cathédrale*, catalogue de l'exposition, Église Saint-Germain d'Amiens, 2001.

^ Les quarante-quatre quadrilobes peints au XIIIe siècle sur le soubassement de la Sainte-Chapelle montrent des scènes de martyres (ci-contre, le martyre de saint Sébastien). Ils ont été quasiment refaits à neuf, mais en respectant fidèlement les originaux. Leur style évoque celui des manuscrits enluminés à Paris au début du XIIIe siècle.

< À partir du XIVe siècle, les richesses autrefois consacrées à la gloire de Dieu sont détournées au profit d'un art religieux plus individualiste. À la fin du Moyen Âge, princes et prélats consacrent des fortunes à l'édification de prestigieuses sépultures. Le décor de la tombe du cardinal Georges d'Amboise et de son neveu (XVIe siècle), dans la cathédrale de Rouen, est d'une incroyable profusion : voussure à caissons, baldaquin portant apôtres, sibylles, rois et prophètes, couronnement de candélabres et de petits temples antiques (voir page 78). Au soubassement, des pilastres à arabesques ménagent des niches où s'exposent six gracieuses statues des vertus alternant avec de petits pleurants qui figurent les familiers du cardinal.

Vertu, tombeau de Georges d'Amboise, soubassement, cathédrale Notre-Dame, Rouen.

Lectures et relectures

« Nous nous estimerons donc satisfaits et largement payés de notre effort si nous avons pu éveiller la curiosité du lecteur, retenir l'attention de l'observateur sagace et montrer aux amateurs de l'occulte qu'il n'est pas impossible de retrouver le sens de l'arcane dissimulé sous l'écorce pétrifiée du prodigieux grimoire. »

Fulcanelli
Le Mystère des cathédrales, 1926.

En 1904, Proust, déplorant la mort des cathédrales, craignait « que la France fût transformée en une grève où de géantes conques ciselées sembleraient échouées, vidées de la vie qui les habita et n'apportant même plus à l'oreille qui se pencherait sur elles la vague rumeur d'autrefois[1] ». Le temps des grandes églises aura duré moins de trois siècles. Leur voix mettra moins d'années encore à s'éteindre.

Dès les années 1280, alors que s'écroule la voûte de Saint-Pierre de Beauvais, la tension qui a projeté vers le ciel les édifices gothiques s'amoindrit. L'argent et l'art monumental se détournent peu à peu du sacré. La pratique religieuse devient égotiste, affective. Après les monastères du XIIe siècle, où quelques-uns intercédaient pour le salut de tous, après les cathédrales du XIIIe où le peuple des villes se rassemblait pour prier sous l'autorité de l'évêque, la dévotion, au XIVe siècle, se réfugie dans les chapelles[2]. Entretenues par une famille, desservies par un clergé privé, ce sont des espaces de recueillement et de prière individuelle. Leur architecture compte moins que les objets qu'elles contiennent : reliques, mais aussi psautiers, livres d'heures. Et leurs images, qu'elles soient peintes sur les murs ou les retables, sculptées dans les petits triptyques portatifs que l'on emporte partout avec soi, tendent de plus en plus vers l'expressionnisme attendri, jusqu'à friser la mièvrerie. À la même époque, se développe l'art funéraire. Le faste autrefois dédié à la gloire de Dieu est détourné vers les sépultures des princes et des grands prélats. Un autre signe de l'individualisme du temps, de son attachement aux biens terrestres.

Cette évolution est sans aucun doute liée à un recul de l'Église. Recul politique d'abord, face à des États qui affirment leur puissance et leur indépendance. Le pouvoir pontifical, affaibli, est chahuté : en 1378, c'est le grand schisme d'Occident qui voit la souveraineté du Saint-Siège divisée entre deux obédiences, avignonnaise et romaine.

[1] Marcel Proust, *Pastiches et Mélanges,* Gallimard, 1992.

[2] Georges Duby, *Art et société au Moyen Âge, op. cit.*

Mais plus profondément, un rêve s'est effondré. Celui de voir le monde entier rassemblé dans la foi du Christ. La prise d'Acre, en 1291, par le sultan d'Égypte al-Malik al-Ashraf, a sonné la fin des royaumes croisés d'Orient. Avec les grands voyages d'exploration, les hommes d'Église découvrent la relativité géographique, mais aussi historique et intellectuelle, de leur religion[3]. L'espace christianisé n'est qu'une petite partie du monde. Et les dogmes chrétiens, confrontés à la pensée arabe ou grecque, perdent de leur universalité. Le temps de la guerre sainte est terminé. La société du savoir va bientôt se laïciser. Sur les nouvelles routes du monde, les besoins du commerce talonnent ceux de la prédication.

En cette fin du Moyen Âge aussi, la prospérité de l'Europe, celle qui a porté son élan constructeur, s'effondre. Guerre de Cent Ans, peste noire et famine épuisent ses ressources. On ne bâtit presque plus à partir du XIVe siècle. L'époque est au deuil, la décoration des édifices religieux se fait plus sobre. Un voile noir est jeté sur l'Occident chrétien, qu'assombrira encore l'avènement de la Réforme.

Dans un souci de retourner à une religion originelle, capable de lutter contre le protestantisme, le concile de Trente (1545-1563) remet l'accent sur le sens littéral de la Bible. « L'Église, dit Émile Mâle, rougit des chères légendes qui avaient bercé la Chrétienté pendant des siècles[4]. » Le symbolisme subtil qui a nourri l'art religieux médiéval se brouille peu à peu jusqu'à disparaître.

Dès la seconde moitié du XVIe siècle, le sens de ces œuvres complexes que sont les cathédrales commence à se perdre. Après le temps de la lecture, c'est le temps des relectures et des réécritures. La Bible de pierre devient palimpseste, son message surchargé d'interprétations plus ou moins savantes, plus ou moins fantaisistes. « Au XVIIe siècle, dit encore Émile Mâle, les Bénédictins de Saint-Maur, lorsqu'ils parlent de nos vieilles églises, font preuve d'une ignorance choquante chez de si grands érudits[5]. » Cent ans plus tard, au lieu de saints et de prophètes, le grand spécialiste de l'art qu'est Bernard de Montfaucon (1655-1741) croit reconnaître aux façades des cathédrales des portraits des rois et des scènes de l'histoire de France. Charles François Dupuis, auteur de l'*Origine de tous les cultes*, voit, quant à lui, dans le Zodiaque de Notre-Dame, une confirmation de la permanence d'un culte du Soleil et de Mithra à travers le temps. Et le conservateur Alexandre Lenoir (1761-1839) confondra les travaux des mois de la cathédrale de Cambrai avec ceux d'Hercule !

Les cathédrales sont aussi investies, depuis le XVIIIe siècle, de toute une culture maçonnique. La franc-maçonnerie, née en Angleterre en 1717, avec la création de la Grande Loge de

[3] Georges Duby, *Le Temps des cathédrales, op. cit.*

[4] Émile Mâle, *L'Art religieux du XIIIe siècle en France, op. cit.*

[5] *Ibid.*

Londres, se pose d'emblée en héritière des bâtisseurs du Moyen Âge. Une filiation mythique, qui lui permet d'asseoir son existence, alors que les corporations de métier médiévales ont disparu depuis deux siècles. Du labyrinthe, qui figure sur le pavement des grandes nefs, aux marques de chantier laissées par les tailleurs de pierre du Moyen Âge, de nombreuses images sont détournées. Ces interprétations se conjuguent bientôt avec celles de l'alchimie, dont le symbolisme envahit les loges. Le pionnier en la matière, un certain Fulcanelli, est une énigme. Personne ne sait s'il a vraiment existé. Son fameux livre *Mystère des cathédrales* paraît en 1926, suivi en 1930 des *Demeures philosophales*. Selon Fulcanelli, les maîtres maçons appartenaient à la tradition hermétique, dérivant directement des enseignements d'Hermès Trismégiste, un Grec alexandrin du IIIe siècle à l'existence très incertaine. Dans cette tradition, l'analogie, la symbolique, les jeux de mots sont employés à dessein de façon à multiplier les sens possibles de chaque phrase. De nombreuses œuvres des cathédrales, dont les allégories qui ornent les deux côtés du porche central de Notre-Dame de Paris, sont ainsi réinterprétées comme autant d'énigmes alchimiques.

Dès le XIXe siècle, les cathédrales, idéalisées par le romantisme, revisitées par toutes sortes de traditions ésotériques, deviennent des réservoirs de secrets, objets d'intenses spéculations. Une jeune génération d'architectes, dont la figure de proue est Eugène Viollet-le-Duc, entreprend de restaurer ces chefs-d'œuvre en péril avec des idées très arrêtées sur les savoirs occultes des anciens bâtisseurs. Les sculptures sont réinterprétées librement dans un idéal de sagesse médiévale. C'est dans cet esprit que Viollet-le-Duc reprend pratiquement toutes les gargouilles et chimères de Notre-Dame de Paris. De nouveaux symboles recouvrent les anciens. Le palimpseste se brouille un peu plus encore.

Œuvres anonymes, livrées au temps et à la mémoire des hommes, les cathédrales demeurent ainsi des livres ouverts où chacun vient inscrire ses propres signes. Pourtant, même détachées de leur sens originel, elles conservent une identité profonde[6], une capacité de communiquer, au-delà des siècles, un peu de l'esprit et de l'âme de ceux qui les ont construites. À la fois étrangères et proches, parce qu'elles sont nées en une époque où la vie était sans doute plus brutale, plus fragile qu'aujourd'hui, davantage tendue vers les forces incompréhensibles du divin, mais aussi vivante, vibrante, extrême. Devant ces grandes pages lointaines, il vient l'envie de fermer les yeux et de tendre la main. De toucher la surface dure et froide de la pierre. Pour sentir, à travers elle, la main chaude et sensible des hommes qui l'ont sculptée, investie de leurs espoirs, de leurs peurs et de leurs rêves.

[6] Antoine Hatzenberger, *Esthétique de la cathédrale gothique*, L'Harmattan, 1999.

a. **Abbatiale :** église d'une abbaye, gérée par le responsable du monastère et non par le clergé séculier.

Abside : extrémité orientale de l'église, derrière le chœur, généralement de plan semi-circulaire. Elle abrite le sanctuaire.

Absidiole : petite abside accolée à une plus grande ouverture sur un déambulatoire.

Appareillage ou appareil : façon de tailler et d'assembler les matériaux d'une maçonnerie.

Arc : construction de pierre, de brique ou autre matériau, en forme de ligne courbe, disposée au-dessus d'un vide. Arc en plein cintre : arc en demi-cercle parfait. Arc brisé : arc aigu composé de deux arcs de cercle qui se coupent selon un certain angle. Arc trilobé : arc en plein cintre ou brisé, divisé en trois lobes.

Arcade : ensemble formé par un arc et ses supports, ou piédroits. Les grandes arcades font communiquer le vaisseau central et les bas-côtés de l'église.

Arcatures : ensemble ornemental d'arcades réelles ou factices portées sur des colonnes ou des pilastres. Elles peuvent être aveugles ou à claire-voie.

Arc-boutant : arc en quart de cercle s'appuyant sur un contrefort (ou culée) pour soutenir de l'extérieur un mur qui subit la poussée d'une voûte.

b. **Baie :** ouverture dans un mur, porte ou fenêtre.

Bas-côtés : appelés aussi collatéraux, ce sont les vaisseaux latéraux, peu élevés, situés de chaque côté du vaisseau central de la nef, du transept ou du chœur.

Basilique : dans l'Antiquité gréco-romaine, un monument public à bas-côtés qui servait de tribunal ou de lieu de rendez-vous pour les affaires. Dans l'Église catholique, titre honorifique accordé par le pape à certains sanctuaires privilégiés.

Berceau : voûte caractéristique des édifices romans en forme de demi-cylindre arrondi ou brisé.

c. **Chanoine :** clerc séculier attaché à une cathédrale. Vivant en communauté dans le chapitre, les chanoines sont chargés de célébrer les offices quotidiens et de seconder l'évêque dans ses tâches pastorales.

Chapelle : petite église, lieu de prière privé consacré à un saint ou à des reliques, desservi par un prêtre ou un chapelain. Dans une grande église, lieu un peu à l'écart où l'on place un petit autel.

Chapelles rayonnantes : chapelles qui s'ouvrent sur le déambulatoire.

Chapiteau : partie surmontant un pilier et une colonne, généralement orné de moulures ou de sculptures en bas-relief.

Chapitre : communauté des chanoines attachés à une cathédrale.

Chevet : partie de l'église située à son extrémité orientale, au-delà du chœur. Le terme s'applique généralement à l'architecture extérieure de l'édifice.

Chœur : partie de l'église située entre le transept et l'abside, où se tiennent les clercs et les chantres pour chanter l'office.

Cintre : courbure d'un arc ou d'une voûte. Au sommet se trouve une pierre taillée en biseau, ou claveau, qui ferme la voûte et équilibre ses poussées : la clé de voûte.

Clé de voûte : pierre taillée en biseau (claveau) placée au sommet du cintre pour le fermer et équilibrer ses poussées.

Clerc : personne entrée dans l'état ecclésiastique, par opposition aux laïcs.

Cloître : galerie couverte, encadrant une cour ou un jardin, destinée à la prière ou à la méditation.

Clôture : enceinte entourant le chœur et le sanctuaire.

Collégiale : église qui, sans être cathédrale, possède un chapitre de chanoines.

Contrebutement : action d'un élément d'architecture qui neutralise la poussée d'un mur ou d'une voûte par une poussée en sens contraire.

Contrefort : pilier ou mur servant d'appui à un autre mur qui supporte une charge.

Corinthien : ordre d'architecture le plus récent de l'Antiquité grecque, caractérisé par un chapiteau orné de deux rangs de feuilles d'acanthe entre lesquelles s'élèvent des volutes.

Croisée de transept : travée située à l'intersection entre la nef principale de l'église et son transept.

Croisillon : appelé aussi « bras du transept », c'est la nef transversale d'une église, disposée nord-sud.

Crypte : chapelle souterraine voûtée, généralement bâtie autour du tombeau ou des reliques d'un saint et servant de fondation partielle à une église.

Cul-de-four : voûte formée d'une demi-coupole ; abside romane en cul-de-four.

Culée : massif de maçonnerie situé au-dessus d'un contrefort et destiné à maintenir la poussée d'un arc ou d'une voûte.

d. **Déambulatoire :** galerie de circulation tournant autour du chœur et reliant les bas-côtés de l'église.

Dédicace : consécration d'une église, sous l'invocation d'un saint.

Dorique : ordre d'architecture le plus ancien de la Grèce antique ; il se caractérise par des colonnes très simples, sans base, aux chapiteaux sans ornement.

Doubleau : arc perpendiculaire à l'axe de la nef, qui soutient la voûte.

e. **Ébrasement :** élargissement progressif d'une baie percée en ligne biaise, vers l'intérieur ou l'extérieur.

Enclos canonial : quartier d'habitation jouxtant la cathédrale qui servait de lieu de vie aux chanoines ; ils pouvaient se rendre à l'église pour les offices en passant directement de l'un à l'autre.

f. **Fabrique :** patrimoine mobilier et immobilier d'une paroisse et association qui le gère.

Flamboyant : style qui qualifie le gothique le plus récent (fin du XIVe siècle-début du XVIe siècle), caractérisé par l'exubérance végétale du décor, la multiplication et l'entrecroisement des nervures, la souplesse des arcs et l'ondoiement en forme de flammes des réseaux de fenêtres.

g. **Gabarit :** modèle d'un élément d'architecture, fabriqué à sa taille d'exécution, pour en vérifier le dimensionnement.

Gisant : statue funéraire figurant le défunt couché.

i. **Invention des reliques :** découverte des reliques d'un saint.

j. **Jubé :** clôture élevée entre la nef et le chœur pour isoler les chanoines des fidèles. Elle est surmontée d'une tribune d'où était lu l'Évangile.

l. **Lancette :** fenêtre simple, en arc brisé.

Linteau : bloc de pierre posé horizontalement sur les deux jambages d'une baie, qui la couvre et la ferme.

m. **Maître d'œuvre :** responsable du chantier de l'église, assurant souvent, au Moyen Âge, les fonctions d'entrepreneur et d'architecte.

Maître d'ouvrage : commanditaire d'une cathédrale.

Miséricorde : sorte de sellette placée sous le siège relevable d'une stalle. Lorsque le siège est relevé, elle permet au chanoine de s'appuyer ou de s'asseoir durant les longs offices tout en ayant l'air d'être debout.

n. **Narthex :** galerie ou portique intérieur situé à l'entrée d'une église.

Nef : vaisseau central de l'église.

o. **Oculus :** petite lucarne circulaire.

Ogives : nervures diagonales de pierre saillante disposées en X sous une voûte d'arêtes et qui se croisent au centre sur une clé.

Orant : personnage en prière.

p. **Parvis :** espace entouré de murs, ménagé devant l'entrée principale de la cathédrale. On y pratiquait des confessions publiques avant le XIIe siècle, et les juges ecclésiastiques y rendaient justice.

Piédroit : partie verticale, jambage d'une porte ou d'une baie.

Pinacle : petite construction à la fois fonctionnelle et ornementale, en forme de petite pyramide ajourée et ornée de fleurons, qui couronne un élément vertical d'appui.

Porche : avant-corps couvrant une porte, souvent largement ouvert vers l'extérieur.

Portail : porte monumentale.

Primatiale : cathédrale d'un archevêque qui a droit au titre historique et honorifique de « primat », tel l'archevêque de Lyon, dit « primat des Gaules ».

q. **Quadrilobe ou quatre-feuilles :** figure formée de quatre lobes, souvent sculptée en bas-relief aux façades des cathédrales.

Reliquaire : coffret précieux renfermant les
r. reliques d'un saint ou d'un martyr.

Reliques : fragments du corps d'un saint ou d'un martyr, ou objets leur ayant appartenu.

Rosace : grande rose ouvragée, garnie de vitraux.

Rose : grand vitrail circulaire.

s. **Sanctuaire :** partie la plus sacrée de l'église où se trouve le maître-autel.

Soubassement : assise inférieure de l'église.

Stalles : sièges réservés aux chanoines se trouvant dans le chœur.

Statue-colonne : statue taillée dans le même bloc de pierre qu'une colonne destinée à prendre place dans les ébrasements d'un portail ou à supporter une arcade.

t. **Transept :** nef transversale qui coupe la nef principale de l'église, lui donnant la forme symbolique d'une croix.

Translation des reliques : transfert des reliques d'un endroit à un autre, souvent l'occasion de processions solennelles.

Travée : élément répétitif de l'élévation compris entre deux supports, ou marqué par des ouvertures régulières.

Tribune : galerie haute, courant au-dessus des bas-côtés.

Triforium : passage situé au-dessus des bas-côtés ou des tribunes, ouvrant sur la nef par une suite d'arcades.

Tympan : espace, habituellement sculpté, compris entre le linteau et les voussures d'un portail d'église.

v. **Voussures :** arcs concentriques surmontant un portail.

Voûtain : compartiment d'une voûte délimité par la croisée d'arêtes ou d'ogives.

Voûte d'ogives ou croisée d'ogives : voûte constituée d'arcs saillants disposés diagonalement qui se croisent au centre sur une clé.

Europe et monde

313. L'empereur romain Constantin signe l'édit de Milan qui autorise la liberté religieuse et met fin aux persécutions des chrétiens. Cet événement marque, pour une part des historiens, le début du Moyen Âge.

325. Constantin, converti au christianisme, réunit le concile de Nicée pour définir une doctrine orthodoxe à opposer aux ariens, mouvement hérétique.

380. L'empereur Théodose le Grand se convertit au christianisme qui devient, par l'édit de Thessalonique, religion officielle de l'Empire romain.

395. L'Empire romain est séparé en deux : Empire d'Orient, Empire d'Occident.

430. Mort de saint Augustin, docteur et Père de l'Église.

476. Romulus Augustule est déposé par Odoacre, roi des Hérules. C'est la fin de l'Empire romain d'Occident.

Vers 529. Saint Benoît fonde un monastère au Mont-Cassin, en Italie, où il écrit la règle fondatrice de l'Ordre bénédictin.

537. Dédicace de Sainte-Sophie de Constantinople.

590-604. Grégoire Ier, dit Grégoire le Grand, est pape.

614. Saint Colomban fonde le monastère de Bobbio, en Italie.

711-713. Les Arabes conquièrent l'Espagne.

787. Le deuxième concile de Nicée consacre dogmatiquement le culte des images.

Vers 793. Premiers raids vikings en Angleterre.

800. Charlemagne est couronné empereur.

Vers 808. Premiers raids sarrasins en Italie, Corse, Sardaigne et Crète.

846. Les Sarrasins pillent Rome.

966. Baptêmes du roi Harald Blåtand, « Dent bleue », roi du Danemark, et du duc polonais Mieszko.

985. Erik le Rouge découvre le Groenland.

1000. Leif Eriksson découvre l'Amérique.

1000. Le roi Étienne de Hongrie impose la conversion des Magyars au christianisme romain ; les pays scandinaves se soumettent à leur tour à l'influence romaine.

1025. Le synode d'Arras affirme que la peinture doit permettre aux illettrés de connaître ce qu'ils ne peuvent apprendre par les livres.

1054. Schisme entre les Églises de Constantinople et de Rome, pour des différends disciplinaires, liturgiques et doctrinaux, à la suite de l'excommunication réciproque du légat pontifical Humbert de Moyenmoutier et du patriarche Michel Cérulaire.

1066. Guillaume le Conquérant, duc de Normandie, s'empare de l'Angleterre.

1071. Début de l'invasion de l'Anatolie par les Turcs Seldjoukides après leur victoire sur les Byzantins.

1075. *Dictatus Papae,* de Grégoire VII, grand promoteur de la réforme dite grégorienne : le pape est unique chef de l'Église, il nomme les évêques, il est au-dessus de tous les princes, qu'il peut excommunier s'ils ne respectent pas les droits de Dieu et de l'Église.

1075-1122. Querelle dite des « investitures » pour les nominations des évêques et des abbés entre la papauté et les empereurs romains germaniques.

1078-1130. Construction de la cathédrale de Saint-Jacques de Compostelle (Espagne), pèlerinage majeur de l'Occident chrétien avec Rome et Jérusalem.

1095. Le pape Urbain II lance l'appel à la croisade.

1099. Jérusalem est prise par les croisés.

1122. Le concordat de Worms met fin à la querelle des investitures : désormais les évêques seront élus par l'Église, et non par le pouvoir temporel.

1147-1149. Deuxième croisade.

1154. Henri II Plantagenêt devient roi d'Angleterre et duc d'Aquitaine.

1170. Thomas Becket est assassiné dans la cathédrale de Canterbury.

1187. Jérusalem est reprise par Saladin.

1199. La procédure inquisitoriale est introduite devant les tribunaux ecclésiastiques par le pape Innocent III.

1202. Le pape Innocent III revendique la souveraineté universelle du Saint-Siège.

Vers 1210. François d'Assise fonde ses premières communautés. Sa règle définitive sera approuvée par le pape Honorius III en 1223.

1215. Quatrième concile du Latran, présidé par Innocent III. Il établit des règles plus strictes entre profane et sacré, insiste sur la pratique des sacrements : pénitence, communion pascale, onction des malades, mariage, et décrète des mesures contre les clercs incontinents et cupides.

1215. Le pape Innocent III confirme l'ordre des Dominicains fondé par le religieux castillan Dominique (v. 1170-1221).

Vers 1255. Le dominicain Jacques de Voragine (v. 1228-1298) rédige sa *Légende dorée*, recueil de la vie des saints.

1261. Fin de l'empire latin de Constantinople.

1262. La *Reconquista* de la péninsule Ibérique par les chrétiens est achevée, excepté le royaume de Grenade.

1275. Le Vénitien Marco Polo arrive en Extrême-Orient.

1290. Fondation de l'université d'Espagne.

1291. La prise d'Acre, en Palestine, par le sultan d'Égypte al-Malik al-Ashraf, sonne la fin des royaumes croisés d'Orient.

1309-1367. Avignon devint la capitale de la Chrétienté, en raison de l'insécurité politique qui règne alors à Rome et en Italie.

1346-1353. Grande Peste, 25 millions de victimes en Europe.

1378-1417. Grand schisme d'Occident (consécutif à une double élection pontificale) entre deux obédiences, avignonnaise et romaine.

1396. Défaite des croisés devant les Turcs à Nicopolis.

29 mai 1453. Chute de Constantinople, qui tombe aux mains du sultan ottoman Mehmet II.

1492. Découverte de l'Amérique par Christophe Colomb. Elle signe, pour une partie des historiens, la fin du Moyen Âge.

1502. Première rencontre de Christophe Colomb avec les Mayas.

1517. Martin Luther écrit ses 95 thèses, considérées comme le point de départ de la Réforme.

1536. Jean Calvin écrit son œuvre majeure, l'*Institution de la religion chrétienne.*

1545-1563. Réunion du concile de Trente en réaction à la vague réformiste.

Chronologie

France

481-511. Clovis fonde la monarchie franque et domine toute la Gaule.

Vers 498. Il reçoit le baptême des mains de saint Remi à Reims, devenant le premier roi barbare chrétien.

Vers 638. Dagobert est le premier souverain à être inhumé dans l'église de Saint-Denis qui deviendra la nécropole des rois de France.

732. Charles Martel arrête à Poitiers les armées d'Abd al-Rahmân lancées à la conquête du royaume franc.

751. Pépin est roi des Francs.

858. Fondation de l'abbaye de Vézelay : installée à Saint-Père-sous-Vézelay, en fond de vallée, c'est d'abord un monastère de femmes. Les invasions normandes de 887 contraignent la communauté à se réfugier sur l'actuel site de colline.

885. Les Normands assiègent Paris.

909. Fondation de l'abbaye de Cluny par des moines bénédictins sur une terre donnée par Guillaume d'Aquitaine.

911. Par le traité de Saint-Clair-sur-Epte, Charles le Simple cède la Normandie au chef viking Rollon.

972. Les derniers Sarrasins, qui occupaient La Garde-Freinet, près de Saint-Tropez, sont expulsés de France.

987. Hugues Capet, fondateur de la dynastie des Capétiens, est couronné roi des Francs.

989. Le concile de Charroux lance le mouvement de la paix de Dieu, afin de juguler la violence des guerres seigneuriales.

Vers 1010. *Chroniques* de Bernard d'Angers.

1022. Procès des hérétiques « manichéens » d'Orléans qui sont condamnés au bûcher.

1040. Raoul Glaber écrit ses *Histoires* entre Cluny et Saint-Germain d'Auxerre.

Vers 1050. Le développement intense du pèlerinage de Vézelay entraîne la construction d'un édifice plus vaste. Le chœur de l'église est consacré en 1104, la nef actuelle achevée vers 1140, tandis que l'avant-nef est terminée vers 1150.

1060-1120. Fondation des grandes églises de pèlerinage : Saint-Martial de Limoges, Sainte-Foy de Conques, Saint-Sernin de Toulouse.

1084. Fondation de la Grande Chartreuse par Bruno, célèbre maître des écoles de Reims, près de Grenoble. Vie semi-érémitique, particulièrement ascétique.

1088. Début de la reconstruction de Cluny (Cluny III) sous l'impulsion de l'abbé Hugues (1049-1109).

1098. Fondation de Cîteaux par Robert, bénédictin, ex-abbé de Molesme, à l'origine de l'ordre des Cisterciens.

1101. Fondation de Fontevrault par l'ermite prédicateur Robert d'Arbrissel. La règle est celle de saint Benoît, l'accent mis sur l'abstinence et le silence perpétuels.

1112. Bernard se fait moine à Cîteaux, apportant un nouvel élan à l'ordre cistercien. En 1115, il est envoyé, avec quelques hommes, fonder l'abbaye de Clairvaux, près de Troyes, sur une terre donnée par le comte de Champagne. Il reste abbé de Clairvaux jusqu'à sa mort en 1153.

1119. Fondation de l'abbaye de Fontenay, en Bourgogne, l'un des plus beaux ensembles de l'architecture cistercienne.

1121. Pierre Abélard (mort en 1142) inaugure la scholastique dans son ouvrage *Theologia summi boni*.

1122. À partir de cette date, l'abbatiale de Saint-Denis fait l'objet d'une importante rénovation architecturale sous l'autorité de l'abbé Suger (vers 1081-1151).

1124. Fondation de Grandmont, dans la montagne limousine, par des disciples de l'ermite Étienne de Muret après sa mort.

1190. Un porche entier est consacré à Marie dans la cathédrale de Senlis.

1209-1229. Croisade contre les albigeois. Prêchée par le pape Innocent III, elle s'attaque aux hérétiques cathares et vaudois du Languedoc, ainsi qu'aux seigneurs et villes qui les soutiennent.

1214. Victoire, à Bouvines, du roi de France Philippe Auguste sur l'empereur germanique Otton IV et ses alliés, Jean sans Terre et le comte de Flandre. La supériorité des Capétiens sur les grands vassaux est établie.

1215. Statuts de l'université de Paris.

1248. Consécration de la Sainte-Chapelle.

1259. Traité de Paris : le roi d'Angleterre, Henri III Plantagenêt, renonce à ses droits sur le royaume de France, ne conservant que l'Aquitaine.

1269. Louis IX impose le port de la rouelle jaune aux juifs.

1270. Louis IX meurt devant Tunis, au cours de la huitième et dernière croisade.

1306. Expulsion des juifs de France.

1328. La couronne de France passe des Capétiens aux Valois.

1337. Début de la guerre de Cent Ans entre la France et l'Angleterre, notamment pour la souveraineté sur l'Aquitaine. Ce conflit durera jusqu'en 1453.

1356. Édouard d'Angleterre, prince de Galles, dit le Prince noir (1330-1376), vainc Jean le Bon à Poitiers.

1415. Le roi d'Angleterre Henri V (1387-1422) remporte la bataille d'Azincourt face aux Français du roi Charles VI le Fol (1368-1422).

1429. Jeanne d'Arc libère Orléans.

1436. Paris est reprise aux Anglais.

a. Sarane ALEXANDRIAN,
Histoire de la littérature érotique,
coll. « Petite Bibliothèque Payot »,
Seghers, 1983.

b. Jurgis BALTRUSAITIS,
Le Moyen Âge fantastique, antiquités et exotismes dans l'art gothique,
Armand Colin, 1955 ;
réédition Champs Flammarion, 1993.

- *Réveils et prodiges, le gothique fantastique,*
Armand Colin, 1960.

c. Michael CAMILLE,
Images dans les marges, aux limites de l'art médiéval,
coll. « Le temps des images »,
Gallimard, 1997.

Claude CAROZZI
et Huguette TAVIANI-CAROZZI,
La Fin des temps, terreurs et prophéties au Moyen Âge,
nouvelle édition corrigée et augmentée,
Champs Flammarion, 1999.

Marie CARRUTHERS,
Machina memorialis, méditation, rhétorique et fabrication des images au Moyen Âge,
NRF, Gallimard, 2002.

Jean COSSE,
Initiation à l'art des cathédrales,
Zodiaque, 1999.

d. Régis DEBRAY,
Vie et mort de l'image, une histoire du regard en Occident,
Gallimard, 1992.

Georges DUBY,
Saint Bernard : l'art cistercien,
Arts et métiers graphiques, 1976.

- *Le Temps des cathédrales : l'art et la société, 980-1420,*
Gallimard, 1976.
- *Le Moyen Âge,*
Skira, 1984.
- *L'Europe au Moyen Âge,*
Flammarion, 1984.
- *Le Moyen Âge,* ouvrage collectif sous la direction de Georges Duby et Michel Laclotte,
Seuil, 1995.
- *Art et société au Moyen Âge,*
Seuil, 1997.
- *L'Art et la société, Moyen Âge - XXe siècle,*
édition établie sous la direction de Guy Lobrichon.
Réunit : « Art et société au Moyen Âge » ; « Saint Bernard, l'art cistercien », suivi de « Saint Bernard et les arts » ; « Le temps des cathédrales »,
Quarto Gallimard, 2002.
- *Qu'est-ce que la société féodale ?,*
coll. « Mille et une pages »,
Flammarion, 2002.

e. Anne EGGER,
Amiens, la cathédrale peinte,
Perrin, 2000.

- Catalogue de l'exposition
« *Couleurs de la cathédrale* »,
Amiens, 2001.

Alain ERLANDE-BRANDEBOURG,
L'Art gothique,
Mazenod, 1985.

- *Quand les cathédrales étaient peintes,*
coll. « Découvertes Gallimard Architectures »,
Gallimard, 1993.

f. Jean-Louis FLANDRIN,
Un temps pour embrasser. Aux origines de la morale sexuelle occidentale, VIe-XIe siècle,
Seuil, 1983.

FULCANELLI,
Le Mystère des cathédrales et l'interprétation ésotérique des symboles hermétiques du grand œuvre,
Éditions des Champs-Élysées, 1957.

g. Claude GAIGNEBET
et Jean-Dominique LAJOUX,
Art profane et religion populaire au Moyen Âge,
PUF, 1985.

Jean GIMPEL,
Les Bâtisseurs de cathédrales,
Seuil, 1958.

Louis GRODECKI,
Architecture gothique,
Berger Levrault, 1979.

h. Antoine HATZENBERGER,
Esthétique de la cathédrale gothique,
L'Harmattan, 1999.

Jacques HEERS,
Fête des fous et carnavals,
Fayard, 1983.

i. François ICHER,
Les Œuvriers des cathédrales,
La Martinière, 1998.

k. Claude-Claire KAPPLER,
Monstres, démons et merveilles à la fin du Moyen Âge,
Payot, 1980.

Terryl N. KINDER,
L'Europe cistercienne,
Zodiaque, 1997.

Brigitte KURMANN-SCHWARTZ et Peter KURMANN,
Chartres, la cathédrale,
Zodiaque, 2001.

l. Jacques LE GOFF,
La Civilisation de l'Occident médiéval,
Arthaud, 1964 ;
réédition Champs Flammarion, 1997.

- *Pour un autre Moyen Âge : temps, travail et culture au Moyen Âge*, 18 essais, Gallimard, 1977.
- *La Naissance du purgatoire*, Gallimard, 1981.
- *L'Imaginaire médiéval* :, Gallimard, 1985.
- *La Bourse et la vie : économie et religion au Moyen Âge*, Hachette 1986.
- *Un autre Moyen Âge*. Réunit : « Pour un autre Moyen Âge » ; « L'Occident médiéval et le temps » ; « L'imaginaire médiéval » ; « La naissance du purgatoire » ; « La bourse et la vie » ; « Le rire dans la société médiévale », Quarto Gallimard, 2002.

Guy LOBRICHON,
La Religion des laïcs en Occident, XI-XVe siècles,
Hachette, 1994.

m. Émile MÂLE,
L'Art religieux du XIIIe siècle en France,
4e édition revue et corrigée,
Armand Colin, 1919 ;
réédition Le Livre de Poche,
coll. « Biblio essais », 1993.

- *L'Art religieux du XIIe au XVIIIe siècle*, Armand Colin, 1945.
- *Notre-Dame de Chartres*, P. Hartmann, 1948 ; réédition Champs Flammarion, 2001.

p. Erwin PANOFSKY,
Architecture gothique et pensée scolastique,
traduction et postface Pierre Bourdieu,
Éditions de Minuit, 1967.

Michel PASTOUREAU,
Figures et symboles, Études sur la symbolique et la sensibilité médiévales,
Le Léopard d'or, 1986.

- *Couleurs, images, symboles*, Études d'histoire et d'anthropologie, Le Léopard d'or, 1989.
- *Jésus chez le teinturier : couleurs et teintures dans l'Occident médiéval*, Le Léopard d'or, 1997.
- *Bleu : histoire d'une couleur*, Seuil, 2000.
- *Figures romanes*, avec Frank HORVAT, Seuil, 2002.
- *Les Couleurs de notre temps*, Bonneton, 2003.

Anne PRACHE,
Lumières de Chartres,
Lattès, 1989.

- *Chartres, image de la Jérusalem céleste*, CNRS, 1993.
- *Chartres, le portail de la Sagesse*, Nouvelles Éditions Mame, 1994.
- *Initiation à l'art roman, architecture et sculpture* (dir.), Zodiaque, 2002.

r. Roland RECHT,
Le Croire et le Voir, L'art des cathédrales (XIIe-XVe siècles),
Gallimard, 1999.

Auguste RODIN,
Les Cathédrales de France,
Armand Colin, 1914.

s. Jean-Claude SCHMITT,
Le Corps des images, essais sur la culture visuelle au Moyen Âge,
coll. « Le Temps des images »,
Gallimard, 2002.

t. Nicolas TRUONG,
Une histoire du corps au Moyen Âge,
Liana Levi, 2003.

v. Jean VERDON,
Le Plaisir au Moyen Âge,
Perrin, 1996.

Paul VEYNE,
« *La société romaine, la famille et l'amour sous le haut Empire romain* »,
in *Annales ESC*, 1978.

Eugène VIOLLET-LE-DUC,
Dictionnaire raisonné de l'architecture française du XIe au XVIe siècle,
A. Morel éditeur, 1854-1868.

w. Jean WIRTH,
L'Image à l'époque romane,
Les Éditions du Cerf, 1999.

OUVRAGES COLLECTIFS

Claude GAUVARD, Alain DE LIBERA, Michel ZINK (dir.),
Dictionnaire du Moyen Âge,
PUF, 2002.

La Couleur et la pierre. Polychromie des portails gothiques,
Actes du colloque,
Amiens 12-14 octobre 2000,
Agence régionale du patrimoine de Picardie,
Éditions A. et J. Picard, 2002.

Table

Remerciements

Mes remerciements chaleureux à Anne Prache et Anne Egger pour leur relecture attentive.

Remerciements à Xavier Bailly (Amiens Métropole) pour son aide précieuse.

Si vous souhaitez être tenu(e) au courant de nos publications,
envoyez vos nom et adresse, en citant ce livre,
aux Éditions des Presses de la Renaissance,
12, avenue d'Italie, 75013 Paris.

Et, pour le Canada,
à Interforum Canada Inc.,
1050, bd René-Lévesque Est,
Bureau 100, H2L 2L6 Montréal, Québec.

Consultez notre site Internet :
www.presses-renaissance.fr

Photogravure : Nord Compo à Villeneuve d'Ascq, France.
Achevé d'imprimer et de relier par Mame à Tours, France.

Dépôt légal : septembre 2004
Numéro d'impression : 06062308
ISBN : 2-85616-913-9